1 Ernährung bei Niere - Yang Mangel

Diese Empfehlungen bitte immer mit dem TCM-Ernährungsberater/in, oder TCM-Arzt/in absprechen! Die Rezepte und Zutatenlisten unterstützen die Therapien nach der Traditionellen Chinesischen Medizin.

Die Kalorienangaben frischer Zutaten (Obst und Gemüse) schwanken je nach Qualität und Erntezeit. Die Inhalte wurden von einer Diätologin und einer Ernährungsberaterin für die Traditionelle Chinesische Medizin (TCM) geprüft.

Autor:
©2016 Josef Miligui
www.ebns.at

Titelfoto:
©2008 Erika Weixlbaumer

Quelle:
Die Listen werden aus der TCME-Datenbank für die Ernährungsberatung generiert. Die Datenbank wird von Ernährungsberater, Therapeuten, Ärzte und Gastronomiebetrieben für die Beratung der Patienten/Klienten und Gästen verwendet.

Literaturliste:
Wir haben die Unterlagen als Wissensbasis genutzt und an unsere Erfahrungen angepasst und ergänzt.
http://ebns.at/index.php/de/datenbank/literaturliste

Herstellung und Verlag:
BoD – Books on Demand, Norderstedt

ISBN 978-3-7412-7378-0

2 Definition der möglichen Symptome

Befragen

Allgemein
    Impotenz; Ejakulatio praecox; Unfruchtbarkeit, Spermatorrh

Emotionen
    mangelnde Willenskraft und Stärke

Energie
    geistige und körperliche Erschöpfung (Burn-out); Trägheit, Apathie, Schwäche

Kälteempfinden
    Frieren, Abneigung gegen Kälte
    kalte Füße und Beine bis Hüfte, Kälteempfinden im Kreuz

Stuhl
    Durchfall morgens

Urin
    viel, hell, häufiges Wasserlassen

Betrachten

Gesicht
    blass-weißes Gesicht; grau-schwarze Färbung um Augen

Körper
    Ödeme im unteren Bereich

Pulsdiagnostik

Puls
    tief, schwach, langsam

Zungendiagnostik

Zunge
    blass, nass, geschwollen mit Zahneindrücken

1   Ernährung bei Niere - Yang Mangel 1
2   Definition der möglichen Symptome 2
3   Therapiestrategie 5
4   Vermeiden 5
5   Speiseplan 5
    5.1   Frühstück 5
    5.2   Jause 6
    5.3   Mittag 6

5.4	Nachmittag	7
5.5	Abend	7
5.6	Jederzeit	8
6	Rezepte	9
6.1	Acht Schätze Reis	9
6.2	Austernpilze mit Spargel	10
6.3	Bitzschnelle Zucchinisuppe	10
6.4	Brennnessel mit Mangold Suppe	11
6.5	Dicke Erbsensuppe für den Winter	11
6.6	Geröstete Haferflocken mit Weintraubenkompott	12
6.7	Geröstete Hirse mit Stangensellerie	12
6.8	Geröstete Nüsse	13
6.9	Gerstenbrei mit gedünsteter Birne	13
6.10	Gerstenschrotsuppe	14
6.11	Getreidekaffee mit Kardamom	14
6.12	Grundrezept für eine Entenbrühe	14
6.13	Grundrezept für eine Reissuppe (Congee)	15
6.14	Hafer-Congee	15
6.15	Haferflockensuppe mit Frühlingszwiebel und Karotten	16
6.16	Herzhafter Polentabrei	16
6.17	Hirse mit Ei und Butter	17
6.18	Hühnersuppe mit Angelikawurzel und Bocksdornfrüchten	18
6.19	Hühnersuppe mit Eigelb und Petersilie	18
6.20	Hühnersuppe mit Grünkern, Petersilie und Sake	18
6.21	Karotten- Reisschleimsuppe	19
6.22	Klare Brühe aus Gänseklein	19
6.23	Klare Ochsenschwanzsuppe mit Bocksdornfrüchten	20
6.24	Kohlrabi Zweierlei	20
6.25	Kokossuppe	21
6.26	Kompott aus Birnen	21
6.27	Kürbiscurry	22
6.28	Kürbissuppe	23
6.29	Kuzusuppe in der Früh	23
6.30	Linsen-Reis-Eintopf	24
6.31	Nierenbohneneintopf mit Lamm und Salbei	24
6.32	Quinoa mit Pfirsich	25
6.33	Rasche Flocken mit Kompott oder Marmelade	26
6.34	Reis mit gedämpftem Gemüse	26
6.35	Reis mit Pastinake	27
6.36	Reisbrei mit Frühlingszwiebel	27
6.37	Reis-Congee mit Honigbirne und schwarzem Sesam	28
6.38	Reis-Congee mit Karotten und Fenchel	28
6.39	Reis-Congee mit Trockenfrüchten	29

6.40	Reis-Congee mit zerstoßenen Walnüssen	29
6.41	Reis-Dulse-Suppe	30
6.42	Reisnudelsuppe mit Shiitakepilzen	30
6.43	Reissuppe mit frischen Früchten	31
6.44	Rindfleischsuppe mit Karotten, Lauch, Lorbeer	31
6.45	Rosmarinkartoffeln	32
6.46	Rührei mit Rucola und Kräutern	32
6.47	Russischer Kasha mit Weißkohl	33
6.48	Sake heiß	33
6.49	Schwarzaugenbohnen-Eintopf	34
6.50	Selleriesaft	34
6.51	Selleriesuppe	34
6.52	Tafelspitz nach klassischer Art	35
6.53	Tee Basilikumtee	36
6.54	Tee Ginseng-Tee	36
6.55	Tee Rosmarintee	37
6.56	Tee Stangensellerietee	37
6.57	Tee Yogitee	37
6.58	Tee Zimt	38
6.59	Tsampa mit Marmelade oder Obstkompott	38
6.60	Wärmender Haferflockenbrei	39
7	Wirkung der Lebensmittel	39
7.1	Zutaten verwenden: empfehlenswert	39
7.2	Zutaten verwenden: ja	51
7.3	Zutaten verwenden: wenig	54
7.4	Kontraindikativ wirkende Lebensmittel nicht verwenden	56
8	Therapeutische Kräuter und deren Wirkungen	57
8.1	Kardamom	57
9	Kräuter aus den Rezepten und deren Wirkungen	58
9.1	Basilikum	58
9.2	Bohnenkraut	58
9.3	Brennnessel	58
9.4	Koriander	58
9.5	Kresse	58
9.6	Lauchzwiebel Schnittlauch	58
9.7	Liebstöckel	59
9.8	Lilienzwiebel	59
9.9	Makannasternsamen	59
9.10	Oregano getrocknet	59
9.11	Petersilie	59
9.12	Rosmarin	59
9.13	Salbei	59
9.14	Yamswurzel, Yamswurzelknolle	59

9.15 Zitronenmelisse (frisch) 60
10 Grundlagen der Ernährung 61
   10.1 Ernährung 61
   10.2 Rezepte 63
      10.2.1 Rezepte nach Folge der Elemente kochen 64
   10.3 Lebensmittel 64
   10.4 Kräuter 66
11 Weitere Ernährungsvorschläge 67
12 EBNS - Software für die Ernährungsberatung 70

3 Therapiestrategie

Yang tonisieren u wärmen, Mitte stärken, wärmen. - heiß - ETWAS warm und neutral JA, erfrischend WENIG, kalt NEIN

4 Vermeiden

Schlechten Ernährungsstil, kalte Getränke, kein Fleisch 4 Std. vor dem Schlafen, zu viel Brot, Müsli, zu viel Rohkost, kalte Speisen/Getränke, Milchprodukte, Südfrüchte, Fruchtsäfte, denaturierte Nahrung, Fabrikzucker, frittiertes, paniert u. fett. Außerdem alles KALTE, Rohkost, Südfrüchte, schwarzer u grüner Tee, Milchprodukte, Joghurt, schwerverdauliches, Zucker!!!, Süßigkeiten, Softdrinks, Cocktails, Sauna, Schwitzen, Weizenbier

5 Speiseplan

Kalorien

5.1 Frühstück

Austernpilze mit Spargel 316
Dicke Erbsensuppe für den Winter 123
Geröstete Haferflocken mit Weintraubenkompott 328
Geröstete Hirse mit Stangensellerie 400
Gerstenbrei mit gedünsteter Birne 113
Gerstenschrotsuppe 265
Getreidekaffee mit Kardamom 3
Hafer-Congee 162
Haferflockensuppe mit Frühlingszwiebel und Karotten 134
Herzhafter Polentabrei 262
Hirse mit Ei und Butter 338

Kohlrabi Zweierlei 278
Kompott aus Birnen 122
Quinoa mit Pfirsich 247
Rasche Flocken mit Kompott oder Marmelade 231
Reis mit Pastinake 206
Reisbrei mit Frühlingszwiebel 177
Reis-Congee mit Honigbirne und schwarzem Sesam 158
Reis-Congee mit Karotten und Fenchel 131
Reis-Congee mit Trockenfrüchten 210
Reis-Congee mit zerstoßenen Walnüssen 406
Reis-Dulse-Suppe 190
Reisnudelsuppe mit Shiitakepilzen 65
Reissuppe mit frischen Früchten 143
Rosmarinkartoffeln 188
Rührei mit Rucola und Kräutern 360
Sake heiß .... -
Selleriesaft 33
Selleriesuppe 101
Tee Zimt 2
Tsampa mit Marmelade oder Obstkompott 280
Wärmender Haferflockenbrei 357

5.2 Jause

Kohlrabi Zweierlei 278
Geröstete Nüsse 973

5.3 Mittag

Acht Schätze Reis 212
Austernpilze mit Spargel 316
Bitzschnelle Zucchinisuppe 41
Brennnessel mit Mangold Suppe 52
Dicke Erbsensuppe für den Winter 123
Geröstete Hirse mit Stangensellerie 400
Gerstenbrei mit gedünsteter Birne 113
Gerstenschrotsuppe 265
Getreidekaffee mit Kardamom 3
Hafer-Congee 162
Haferflockensuppe mit Frühlingszwiebel und Karotten 134
Herzhafter Polentabrei 262
Hirse mit Ei und Butter 338
Hühnersuppe mit Angelikawurzel und Bocksdornfrüchten 77

Hühnersuppe mit Grünkern, Petersilie und Sake 150
Klare Brühe aus Gänseklein 334
Klare Ochsenschwanzsuppe mit Bocksdornfrüchten 217
Kokossuppe 151
Kompott aus Birnen 122
Kürbiscurry 193
Kürbissuppe 104
Linsen-Reis-Eintopf 232
Nierenbohneneintopf mit Lamm und Salbei 391
Reis mit gedämpftem Gemüse 92
Reis mit Pastinake 206
Reisbrei mit Frühlingszwiebel 177
Reis-Congee mit Honigbirne und schwarzem Sesam 158
Reis-Congee mit Karotten und Fenchel 131
Reis-Congee mit Trockenfrüchten 210
Reis-Congee mit zerstoßenen Walnüssen 406
Reis-Dulse-Suppe 190
Reisnudelsuppe mit Shiitakepilzen 65
Reissuppe mit frischen Fruchten 143
Rindfleischsuppe mit Karotten, Lauch, Lorbeer 194
Rosmarinkartoffeln 188
Rührei mit Rucola und Kräutern 360
Russischer Kasha mit Weißkohl 250
Sake heiß .... -
Schwarzaugenbohnen-Eintopf 140
Selleriesaft 33
Selleriesuppe 101
Tafelspitz nach klassischer Art 453

5.4 Nachmittag

Wärmender Haferflockenbrei 357
Tee Zimt 2

5.5 Abend

Bitzschnelle Zucchinisuppe 41
Dicke Erbsensuppe für den Winter 123
Geröstete Hirse mit Stangensellerie 400
Gerstenschrotsuppe 265
Getreidekaffee mit Kardamom 3
Hafer-Congee 162
Herzhafter Polentabrei 262
Hühnersuppe mit Angelikawurzel und Bocksdornfrüchten ... 77

Klare Brühe aus Gänseklein 334
Klare Ochsenschwanzsuppe mit Bocksdornfrüchten 217
Kokossuppe 151
Kompott aus Birnen 122
Kürbiscurry 193
Kürbissuppe 104
Linsen-Reis-Eintopf 232
Nierenbohneneintopf mit Lamm und Salbei 391
Quinoa mit Pfirsich 247
Reis mit gedämpftem Gemüse 92
Reis mit Pastinake 206
Reisbrei mit Frühlingszwiebel 177
Reis-Congee mit Honigbirne und schwarzem Sesam 158
Reis-Congee mit Karotten und Fenchel 131
Reisnudelsuppe mit Shiitakepilzen 65
Reissuppe mit frischen Früchten 143
Rindfleischsuppe mit Karotten, Lauch, Lorbeer 194
Rosmarinkartoffeln 188
Russischer Kasha mit Weißkohl 250
Schwarzaugenbohnen-Eintopf 140
Selleriesaft 33
Selleriesuppe 101
Tafelspitz nach klassischer Art 453
Tee Zimt 2

5.6 Jederzeit

Geröstete Hirse mit Stangensellerie 400
Geröstete Nüsse 973
Getreidekaffee mit Kardamom 3
Hafer-Congee 162
Kompott aus Birnen 122
Reis mit Pastinake 206
Reis-Congee mit Honigbirne und schwarzem Sesam 158
Reis-Congee mit Karotten und Fenchel 131
Reis-Congee mit zerstoßenen Walnüssen 406
Sake heiß .... -
Selleriesaft 33
Tee Zimt 2

6 Rezepte

empfehlenswert = Sie können mehr verwenden, weniger = wenn möglich weniger verwenden.
TL=Teelöffel, EL=Esslöffel, L=Liter, g=Gramm
M=Metall, W=Wasser, H=Holz, F=Feuer, E=Erde.
(Die Kochanleitung nach den Elementen finden Sie im Kapitel „Rezepte" am Ende des Buches.)

6.1 Acht Schätze Reis

Stärkt Niere und Blase, Baut Qi auf, Stärkt die Milz, Vertreibt Feuchtigkeit, reduziert innere Hitze, beugt Krebs vor, baut Herz auf, beruhigt Nerven.
Kalorien p. Portion 212
Kochdauer ca. 1 Stunde
Thermische Wirkung: neutral

Menge	Zutaten		
1 EL	Lilienzwiebel	empfehlenswert	
1 EL	Longane	wenig	
1 EL	Weißwurz	empfehlenswert	
1 EL	Yamswurzel, Yamswurzelknolle	empfehlenswert	
1 EL	Hiobsträne (Samen) YiYi Ren	ja	
1 EL	Makannasternsamen	empfehlenswert	
2 Tassen	Reis Wilder (Naturreis)	empfehlenswert	M
8-10 Tassen	Wasser	ja	E

Kochanleitung:
Je 1 EL: Bai He (Lilienzwiebel), Longan (Longane/Drachenaugenfrucht), Yu Zhu (Wohlriechender Weißwurz-Wurzelstock), Da Zao, Shan Yao (Yamswurzel, Yamswurzelknolle), Lian Mi, Yi Yi Ren (Samen der Hiobsträne), Qian Shi (Makannasternsamen)

Mit heißem Wasser übergießen und ca. 30 Min einweichen.
Anschließend: 1 – 2 Tassen Reis (normal) hinzufügen und ½ bis 1 Stunde köcheln, bis der Reis sehr weich ist. Oder: Mit Vollwertreis ca. 3 Stunden lang mit den Kräutern ein Congee kochen. Dann müssen die Kräuter nicht eingeweicht werden.

6.2 Austernpilze mit Spargel

Tonisiert Lungen und Nieren Yin, gleicht Hitze aus, leitet Feuchtigkeit aus.
Kalorien p. Portion 316
Kochdauer ca. 30 min.
Thermische Wirkung: kühl

Menge	Zutaten		
1 Stück	Zwiebel weiss	empfehlenswert	M
2 EL	Butter Bio	ja	E
300 g.	Austernpilze	ja	E
2 EL	Sake	wenig	M
2 EL	Petersilie	empfehlenswert	H
3 EL	Walnüsse	wenig	E
500g.	Spargel (grün oder weiß)	wenig	E
1 Prise	Salz	ja	W
1 Prise	Zucker (weiß, aus Rüben)	wenig	E
1/2 Kg.	Kartoffel	ja	E
1 Prise	Salz Kräutersalz	empfehlenswert	W

Kochanleitung:
Biologisch angebaute Kartoffeln mit der Schale kochen, sonst Salzkartoffeln zubereiten. Den Spargel in Salzwasser mit einer Prise Zucker und Salz kochen. (Man kann eine alte Semmel mitkochen welche die Bitterstoffe aufnimmt.) Die kleingeschnittenen Zwiebeln in einer Pfanne in der Butter leicht andünsten, bevor die mundgerecht geschnittenen Austernpilze in derselben Pfanne kurz angebraten werden.
Unter mehrmaligem Umrühren 15 Minuten dünsten. Sake, Walnüsse und Petersilie zufügen und auf kleiner Flamme köcheln, während Sie Kartoffeln und Spargel abgießen. Zum Schluss noch etwas Kräutersalz drüberstreuen.
Wenn kein frischer Spargel verfügbar ist, kann Spargel in Gläser verwendet werden.

6.3 Bitzschnelle Zucchinisuppe

Reduziert Schleim, bewahrt die Säfte, kühlt Leberhitze, stärkt Magen Qi.
Kalorien p. Portion 41
Kochdauer ca. 10 min
Thermische Wirkung: kühl

Menge	Zutaten		
2-3 Stück	Zucchini	empfehlenswert	E
1 Stück	Zwiebel weiss	empfehlenswert	M
2 EL	Maiskeimöl	empfehlenswert	E

1 EL	Petersilie	empfehlenswert	H
1 TL	Lauchzwiebel Schnittlauch	wenig	M
1/2 Liter	Wasser	ja	E

Kochanleitung:
Gehackte Zwiebel in Öl andünsten. In Scheiben geschnittene Zucchini dazugeben und gut andünsten. Mit Wasser aufgießen. Petersilie und Schnittlauch grob hacken, hinzufügen und alles pürieren.

6.4 Brennnessel mit Mangold Suppe

Leitet Feuchtigkeit nach unten aus, stärkt Blut, kühlt Leberhitze.
Kalorien p. Portion 52
Kochdauer ca. 30 Min.
Thermische Wirkung: kühl

Menge	**Zutaten**		
1/2 Kg.	Mangold	empfehlenswert	E
1 Prise	Salz	ja	W
1/2 Liter	Wasser	ja	E
1 EL	Olivenöl	ja	E
1 Handvoll	Brennnessel	empfehlenswert	H
1 Prise	Pfeffer (gemahlen)	wenig	M

Kochanleitung:
In einem Topf das Öl erhitzen, die gewaschenen und fein geschnittenen Mangold dazugeben. Salzen und 10 Min. köcheln lassen. Die gehackten Brennnesseln dazugeben und weitere 10 Min. kochen. Pfeffer dazugeben und pürieren.

6.5 Dicke Erbsensuppe für den Winter

Nährt Qi, diuretisch, harmonisiert Qi (v.a. im Mittleren und Unteren Erwärmer). Stärkt die Niere und das Abwehr-Qi; erwärmt. Leitet Feuchtigkeit aus.
Kalorien p. Portion 123
Kochdauer ca. 2-3 Stunden
Thermische Wirkung: warm

Menge	**Zutaten**		
150 g.	Erbse, grün	ja	W
600 ml.	Wasser	ja	E
1 EL	Sesamöl	ja	E
1/2 Stück	Zwiebel weiss	empfehlenswert	M
1/2 TL	Ingwer frisch	empfehlenswert	M
1/2 TL	Kümmel	empfehlenswert	E
1 EL	Hafer Schrot	empfehlenswert	M
1 Prise	Salz	ja	W
1 Stängel	Petersilie	empfehlenswert	H

Kochanleitung:
Erbsen vorher einweichen; in einem heißen Topf Sesamöl, Zwiebel, etwas Haferschrot, Ingwer und Kümmel andünsten; Erbsen zugeben und 2-3 Stunden köcheln; am Schluss Salz zugeben; mit Petersilie garnieren.

6.6 Geröstete Haferflocken mit Weintraubenkompott

Befeuchtet, entspannt, baut Qi auf, verteilt. Stärkt Qi. Erwärmt Magen und Milz, fördert Durchblutung und Leitbahnfluss, lindert Kälte-Übel und Schmerzen.
Kalorien p. Portion 328
Kochdauer ca. 25 Min.
Thermische Wirkung: warm

Menge	Zutaten		
1 Tasse	Hafer Flocken geröstet	ja	M
2 Tassen	Trauben rot	wenig	E
1/2 TL	Ingwer frisch	empfehlenswert	M
2 EL	Rosinen	wenig	E
1 Prise	Zimtpulver	empfehlenswert	M
2 Tassen	Wasser	ja	E

Kochanleitung:
Haferflocken kurz anrösten, mit Wasser übergießen, Rosinen dazugeben und 20 min. kochen. Trauben, Ingwer und Zimt zugeben.

6.7 Geröstete Hirse mit Stangensellerie

Stärkt Milz und Niere, diuretisch. Bewegt Leber-Qi, kühlt Hitze, befeuchtet, entspannt, baut Qi auf, verteilt.
Kalorien p. Portion 400
Kochdauer ca. 30
Thermische Wirkung: kühl

Menge	Zutaten		
1 Tasse	Hirse	ja	E
2 Tassen	Wasser	ja	E
2 Stangen	Sellerie Stangensellerie	empfehlenswert	E
2 EL	Wasser	ja	E
1 EL	Kräuter verschiedene	ja	
1 Prise	Salz	ja	W
3-4 Blätter	Salbei	ja	F
1 TL	Kresse	wenig	M

Kochanleitung:
Hirse kurz anrösten, mit Wasser übergießen kurz aufkochen und 20 min. quellen lassen.
Stangensellerie klein schneiden und mit Wasser, Salz und frische Kräuter 10 min. kochen und zu der Hirse geben. Frischen Salbei oder Kresse kleingehackt drüberstreuen.

6.8 Geröstete Nüsse

Stärken Nieren-Qi, -Essenz und Gehirn, stärkt Niere, baut Essenz auf, wärmt Lunge, befeuchtet den Darm, befeuchtet, entspannt, baut Qi auf.
Kalorien p. Portion 973
Kochdauer ca. 5 Min.
Thermische Wirkung: neutral

Menge	Zutaten		
100 g.	Haselnüsse	ja	E
100 g.	Cashewnüsse	ja	E
100 g.	Walnüsse	wenig	E

Kochanleitung:
Nüsse in einer Pfanne ca. 5 Minuten rösten.

6.9 Gerstenbrei mit gedünsteter Birne

Befeuchtet Lunge, kühlt Hitze, reduziert heißer Lungenschleim, produziert Körpersäfte, befeuchtet, entspannt, Stärkt Milz, kühlt Blase, diuretisch, befeuchtet Darm, entspannt, baut Qi auf, verteilt.
Kalorien p. Portion 113
Kochdauer ca. 25 Min.
Thermische Wirkung: kühl

Menge	Zutaten		
10 Tassen	Wasser	ja	E
1 Tasse	Gerste	ja	E
2 Scheiben	Ingwer frisch	empfehlenswert	M
3 Kapseln	Kardamom	empfehlenswert	M
1 Prise	Salz	ja	W
1 Stück	Birne	ja	E
1/2 EL	Zucker Ursüße (Zuckerrohr) süß	wenig	E

Kochanleitung:
Die Gerste zu grobem Schrot mahlen und trocken anrösten. Heißes Wasser aufgießen, Ingwer und Kardamom hinzugeben und bei wenig Hitze zu einem Brei quellen lassen. Birne schälen und würfeln und mit wenig Wasser 10 Min. dünsten. Am Ende die gedünstete Birne, etwas Butter und Süßmittel zugeben.
Variante: Wenn es morgens schnell gehen soll, kann man an Stelle von Schrot Gerstenflocken verwenden.

6.10 Gerstenschrotsuppe

Wirkt neutral bis leicht erwärmend und entspannt den Qi-Fluss. Hilft bei Appetitlosigkeit und Durchfall durch Milz-Schwäche. Bei schwachem Milz-Qi sollte man häufig salzige Suppen zum Frühstück essen.
Kalorien p. Portion 265
Kochdauer ca. 30 Min.
Thermische Wirkung: kühl

Menge	Zutaten		
1 Tasse	Gerste	ja	E
1 Prise	Salz	ja	W
1/2 TL	Ingwer frisch	empfehlenswert	M
1 EL	Olivenöl	ja	E
3 EL	Petersilie	empfehlenswert	H
2 Tassen	Wasser	ja	E

Kochanleitung:
Gerste in der Pfanne trocken rösten, anschließend zu Schrot mahlen und mit Wasser, etwas Salz und Ingwer zu einem Brei kochen. Vor dem Servieren Öl und Petersilie unterheben.

Variante: Man kann dem Gericht noch einen besseren Geschmack verleihen, wenn man es mit vorbereiteter Gemüse- oder Fleischbrühe kocht.

6.11 Getreidekaffee mit Kardamom

Trocknet aus, leitet nach unten.
Kalorien p. Portion 3
Kochdauer ca. 5 Min.
Thermische Wirkung: warm

Menge	Zutaten		
1 EL	Getreidekaffee	empfehlenswert	F
2 Kerne	Kardamom	empfehlenswert	M
1 Tasse	Wasser	ja	E

Kochanleitung:
Wasser, Kaffee, Zucker und Kardamom aufkochen und setzen lassen

6.12 Grundrezept für eine Entenbrühe

Stärkt Qi, Blut und Säfte, nährt Yin, stärkt Magen, kühlt Hitze. Stärkt Milz und Leber, bei Kindern: fördert Wachstum (v.a. des Gehirns).
Kalorien p. Portion 61
Kochdauer ca. 2-3 Stunden
Thermische Wirkung: kühl

Menge	Zutaten		
200 g.	Ente (Herz)	wenig	H
1/2 Liter	Wasser	ja	E
100 g.	Ente (Frühmastente, schlachtfrisch)	wenig	H
2 Stück	Karotte (Mohrrübe, Möhre)	ja	E
1/2 Stück	Sellerie Knolle	empfehlenswert	E

Kochanleitung:
Entenklein mit Gemüse 2-3 Stunden köcheln. Brühe durch ein feines Tuch sieben und im Kühlschrank aufbewahren.

Variante: Die Innereien können weiterverwendet werden: Man schneidet sie fein und lässt sie einige Minuten mit frischem Gemüse in der Brühe ziehen. Vor dem Servieren mit Petersilie bestreuen.

6.13 Grundrezept für eine Reissuppe (Congee)

Wärmt Magen und Milz, harmonisiert den Darm, stärkt Qi-Funktion, reduziert Feuchtigkeit.
Kalorien p. Portion 140
Kochdauer ca. 2-4 Stunden
Thermische Wirkung: warm

Menge	Zutaten		
1 Tasse	Reis Sorte beliebig	ja	M
6 Tassen	Wasser	ja	E

Kochanleitung:
Man kocht Reis und Wasser in einem Verhältnis von etwa 1:6. Die Menge des Wassers bestimmt die Dicke des Breis (reine Geschmacksache). Der Reis quillt unwahrscheinlich auf, nehmen Sie also nicht viel. Geben Sie den Reis in einen Topf mit einem schweren Deckel. Wichtig ist, den Reis nach kurzem Aufkochen nur auf kleinster Flamme köcheln zu lassen, da er sonst anbrennt.
Kochen Sie den Reis 2-4 Stunden. Je länger er kocht, umso mehr stärkt er. Wenn Sie das Gericht zum Frühstück essen möchten, können Sie den Reis auch kurz vor dem Zubettgehen aufsetzen. Sicherheitshalber sollten Sie vorher einmal unter Beobachtung für eine ähnlich lange Zeit das Verhalten Ihres Topfes und Herdes prüfen, damit nichts anbrennt.

6.14 Hafer-Congee

Stärkt Qi, stärkt Leber und Milz, befeuchtet Darm, beseitigt Schleim, hält Schweiß zurück.
Kalorien p. Portion 162
Kochdauer ca. 2-4 Stunden
Thermische Wirkung: warm

Menge	Zutaten		
1 Tasse	Hafer	empfehlenswert	M
6 Tassen	Wasser	ja	E

Kochanleitung:
Man kocht Hafer und Wasser in einem Verhältnis von etwa 1:6. Die Menge des Wassers bestimmt die Dicke des Breis (reine Geschmacksache). Der Hafer quillt auf, nehmen Sie also nicht viel. Geben Sie den Hafer in einen Topf mit guter Isolierung und einem schweren Deckel. Wichtig ist, den Hafer nach kurzem Aufkochen nur auf kleinster Flamme köcheln zu lassen, da er sonst anbrennt. Kochen Sie den Hafer 2-4 Stunden. Je länger er kocht, umso mehr stärkt er.

6.15 Haferflockensuppe mit Frühlingszwiebel und Karotten

Stärkt Milz und Leber, reguliert Qi-Fluss, befeuchtet, entspannt, baut Qi auf, verteilt, befeuchtet Darm. Reguliert Qi, wärmt Milz und Niere, löst Stagnation, leitet nach oben.
Kalorien p. Portion 134
Kochdauer ca. 30 min.
Thermische Wirkung: warm

Menge	Zutaten		
6 EL	Hafer	empfehlenswert	M
2 Stück	Karotte (Mohrrübe, Möhre)	ja	E
1 EL	Butter Bio	ja	E
1 Prise	Muskatnuss	ja	M
1 Stiel	Liebstöckel	empfehlenswert	M
2 Stück	Zwiebel Frühlingszwiebel	empfehlenswert	M
1/2 Liter	Wasser	ja	E

Kochanleitung:
Haferflocken in Butter anrösten, Salz und Gewürze dazugeben, mit Wasser aufgießen und aufkochen lassen. Nach 10 min. die geriebenen Karotten und Liebstöckel dazugeben, 10 min kochen. Zwiebel fein schneiden und dazugeben.

6.16 Herzhafter Polentabrei

Stärkt Milz und Magen; fördert das Wasserlassen; harmonisiert das Leber-Qi
Kalorien p. Portion 262
Kochdauer ca. 10 Min.
Thermische Wirkung: neutral

Menge	Zutaten		
1 Tasse	Mais Grieß (Polenta)	ja	E
2 Stück	Zwiebel Frühlingszwiebel	empfehlenswert	M
1/2 TL	Ingwer frisch	empfehlenswert	M
1 Prise	Muskatnuss	ja	M
1 Prise	Salz	ja	W
1 EL	Olivenöl	ja	E
1 Prise	Kurkuma (Gelbwurz)	empfehlenswert	F
2 Tassen	Wasser	ja	E

Kochanleitung:
Polenta in kochendes Wasser einrühren und quellen lassen.
Frühlingszwiebeln, geriebenen Ingwer, Kurkuma, Muskat, Salz und Olivenöl zugeben und weiterziehen lassen.

6.17 Hirse mit Ei und Butter

Stärkt Blut, Yin und Jing, nährt Yin, befeuchtet bei innerer Trockenheit, stärkt Blut, stärkt Milz, beruhigt Nerven und Magen. Stärkt Milz und Niere, diuretisch. Stärkt Qi und Nieren-Jing, befeuchtet, entspannt, baut Qi auf, verteilt.
Kalorien p. Portion 338
Kochdauer ca. 25 Min.
Thermische Wirkung: kühl

Menge	Zutaten		
1 Tasse	Hirse	ja	E
1/2 TL	Ingwer frisch	empfehlenswert	M
1 Prise	Salz	ja	W
2 EL	Petersilie	empfehlenswert	H
1 Prise	Rosenpaprika	empfehlenswert	F
2 Stück	Huhn Ei	ja	E
2 EL	Butter Bio	ja	E
1 Prise	Muskatnuss	ja	M
2 Tassen	Wasser	ja	E

Kochanleitung:
Die Hirse mit dem Ingwer und Muskatnuss im Wasser kochen. 1 weiches Ei pro Person kochen und schälen; die Hirse auf Tellern auftürmen und je 1 Ei in eine Mulde im Hirseberg legen; Butterflöckchen darübergeben. Mit gehackter Petersilie und dem Rosenpaprika bestreuen.

6.18 Hühnersuppe mit Angelikawurzel und Bocksdornfrüchten

Stärkt Milz und nährt das Blut und das Yin der Leber. Stärkt Qi und Blut; ist sehr wärmend.
Kalorien p. Portion 77
Kochdauer ca. 1 1/2 Stunden
Thermische Wirkung: warm

Menge	Zutaten	
1/2 Liter	Grundrezept für eine Hühnerbrühe	empfehlenswert
5 g.	Angelikawurzel	empfehlenswert
50 g.	Bocksdornfrüchte (Fructus Lycii)	empfehlenswert H

Kochanleitung:
Hühnerbrühe laut Grundrezepte. In den letzten 40 Minuten Angelikawurzel und getrocknete Bocksdornfrüchte mitkochen.

Einnahme: Täglich 2-3 Tassen Brühe trinken.

6.19 Hühnersuppe mit Eigelb und Petersilie

Stärkt Qi und Blut; ist sehr wärmend. Nährt Blut und Leber, harmonisiert Leber und Milz, stärkt Sehkraft, bewahrt die Säfte, zieht zusammen.
Kalorien p. Portion 117
Kochdauer ca. 10 Min. (+Grundrezept)
Thermische Wirkung: warm
Therapeutisches Rezept

Menge	Zutaten	
1/2 Liter	Grundrezept für eine Hühnerbrühe	empfehlenswert
1 Stück	Huhn Eigelb	ja E
1 EL	Petersilie	empfehlenswert H

Kochanleitung:
Brühe erhitzen und das Eigelb versprudeln. Die gehackte Petersilie drüberstreuen und ca. 2 Min. ziehen lassen. In kleinen Schlucken trinken.

6.20 Hühnersuppe mit Grünkern, Petersilie und Sake

Stärkt Qi und Blut; ist sehr wärmend. Nährt Leber-Blut, bewahrt die Säfte, zieht zusammen. Zerstreut und bewegt Qi, befeuchtet, reduziert Kälte-Übel, weicht Knoten auf.
Kalorien p. Portion 150
Kochdauer ca. 1 1/2 Stunden
Thermische Wirkung: warm

Menge	Zutaten		
1/2 Liter	Grundrezept für eine Hühnerbrühe	empfehlenswert	
4 EL	Grünkern	empfehlenswert	H
2 EL	Petersilie	empfehlenswert	H
1 Schuß	Sake	wenig	M

Kochanleitung:
Die Zutaten in der Suppe 10 min. ziehen lassen.

6.21 Karotten- Reisschleimsuppe

Wärmt Magen und Milz, harmonisiert den Darm, stärkt Qi-Funktion, reduziert Feuchtigkeit. Stärkt Milz und Leber, reguliert Qi-Fluss, befeuchtet, entspannt, baut Qi auf, verteilt.
Kalorien p. Portion 101
Kochdauer ca. 10 Min. (+Grundrezept)
Thermische Wirkung: warm
Therapeutisches Rezept

Menge	Zutaten		
1 Tasse	Grundrezept für eine Reissuppe	empfehlenswert	
2 Stück	Karotte (Mohrrübe, Möhre)	ja	E
1 TL	Salz	ja	W

Kochanleitung:
Karotten schälen und reiben. Die Reissuppe aufkochen und die geriebenen Karotten und Salz dazugeben. 10 Minuten kochen.

6.22 Klare Brühe aus Gänseklein

Stärkt Milz, Magen und Lunge, lindert Schwächezustände, stärkt Qi, beruhigt Magen. Bewegt Qi, leitet nach oben. Stärkt Milz und Leber, reguliert Qi-Fluss, befeuchtet, entspannt, baut Qi auf, verteilt.
Kalorien p. Portion 334
Kochdauer ca. 2-3 Stunden
Thermische Wirkung: warm

Menge	Zutaten		
500 g.	Gans (Gänseklein)	ja	M
1 Stück	Karotte (Mohrrübe, Möhre)	ja	E
1 Stück	Zwiebel Schalotte	empfehlenswert	M
1 Stück	Lauch (Porree)	empfehlenswert	M
1 Zweig	Petersilie	empfehlenswert	H
1 Zweig	Liebstöckel	empfehlenswert	M
1 Prise	Kerbel	empfehlenswert	F
1 Liter	Wasser	ja	E
1 Prise	Salz	ja	W

Kochanleitung:
Gänseklein mit Gemüse und Kräutern 2-3 Stunden köcheln. Durch ein feines Tuch sieben und abkühlen. Entfetten und im Kühlschrank aufbewahren.

6.23 Klare Ochsenschwanzsuppe mit Bocksdornfrüchten

Stärkt das Qi; nährt das Leber-Blut; bei Augenflimmern oder trockenen Augen, Muskelverspannungen oder Wadenkrämpfen durch Blut-Leere.
Kalorien p. Portion 217
Kochdauer ca. 1-2 Stunden (+Grundrezept)
Thermische Wirkung: warm

Menge	Zutaten		
1 Liter	Grundrezept für eine Rinderbrühe	empfehlenswert	
500 g.	Rind Ochsenschwanzstücke	empfehlenswert	E
4-5 Stück	Shiitake, getrocknet	ja	E
1 Stück	Zwiebel weiss	empfehlenswert	M
2 EL	Sake	wenig	M
1/2 TL	Ingwer frisch	empfehlenswert	M
1 EL	Bocksdornfrüchte (Fructus Lycii)	empfehlenswert	H

Kochanleitung:
Shiitakepilze einweichen. Ochsenschwanzscheiben blanchieren; dadurch werden Fett und Unreinheiten entfernt. In der Rinderbrühe weitere 1-2 Stunden kochen. Dann Frühlingszwiebeln, Shiitakepilze, Reiswein, Bocksdornfrüchte und Ingwer zugeben und alles sanft köcheln lassen.

6.24 Kohlrabi Zweierlei

Bewegt Qi und Blut, diuretisch, reduziert Feuchtigkeit. Stärkt Qi, stärkt Milz, lindert Entzündungen, befeuchtet, entspannt, baut Qi auf, verteilt. Stärkt Nieren-Jing.
Kalorien p. Portion 278
Kochdauer ca. 25 Min.
Thermische Wirkung: warm

Menge	Zutaten		
1/2 Stück	Kohlrabi	empfehlenswert	E
100 g.	Kartoffel	ja	E
1 EL	Butter Bio	ja	E
1 Stück	Huhn Eigelb	ja	E

Kochanleitung:
Die Blätter vom Kohlrabi entfernen, die Knolle und die zartesten Blätter sowie die Kartoffeln gründlich waschen. Den Kohlrabi und die Kartoffeln

schälen, in etwa 1 cm große Würfel schneiden. Die Hälfte der Butter in einem kleinen Topf zerlassen, den Kohlrabi und die Kartoffeln dazugeben und darin dünsten. Mit 2 Esslöffeln Wasser im geschlossenen Topf bei schwacher Hitze etwa 15 Minuten dünsten. Inzwischen die zartesten Kohlrabiblätter von den Stielen befreien und sehr fein hacken. Insgesamt sollten höchstens 2 Esslöffel Blattstückchen verwendet werden. Diese etwa 5 Minuten vor Ende der Garzeit zum Gemüse geben und mitkochen. Das Eigelb unterrühren und nochmals kurz aufkochen lassen. Das Gemüse in einen Teteller füllen und mit der restlichen Butter und dem Eigelb vermischen. Mit einer Gabel grob zerdrücken.

6.25 Kokossuppe

Stärkt Qi und Blut; ist sehr wärmend. Nährt Yin, Blut und Jing, befeuchtet, entspannt, baut Qi auf, verteilt. Bewegt Qi, leitet nach oben. Löst Stagnation.
Kalorien p. Portion 151
Kochdauer ca. 20 Min. (+Grundrezept)
Thermische Wirkung: warm

Menge	Zutaten		
2 EL	Olivenöl	ja	E
1 Stück	Lauch (Porree)	empfehlenswert	M
1 kleine	Zwiebel weiss	empfehlenswert	M
1 Liter	Grundrezept für eine Hühnerbrühe	empfehlenswert	
1/2 Saft	Zitrone, Limette	empfehlenswert	H
2 El	Kokosflocken	wenig	E
1/4 Liter	Kokosmilch	wenig	E
1 Prise	Piment	wenig	M
1 Prise	Chili (Schote oder gemahlen)	empfehlenswert	M
1 Prise	Salz Kräutersalz	empfehlenswert	W
1 EL	Zitronengras	empfehlenswert	

Kochanleitung:
Olivenöl in Pfanne geben, klein geschnittener Lauch und Zwiebel darin andünsten, mit Hühnerbrühe auffüllen, Zitronengras dazugeben, ca. 15 Min. köcheln lassen, Kokosflocken und Kokosmilch, Piment und Chili dazugeben, mit Kräutersalz salzen. Mit Zitronengras garnieren

6.26 Kompott aus Birnen

stärkt das Lungen Qi. Ideal als Kur im Herbst
Kalorien p. Portion 122
Kochdauer ca. 10 Min.
Thermische Wirkung: kühl

Menge	Zutaten		
300 ml.	Wasser	ja	E
4 Stück	Birne	ja	E
1/2 TL	Anis (gemeiner Fenchel)	empfehlenswert	E
1 Prise	Vanilleschote	empfehlenswert	E
ganz wenig	Chili (Schote oder gemahlen)	empfehlenswert	M
1 Prise	Kakao	empfehlenswert	F

Kochanleitung:
Birnen (BIO) mit Schale und Kernen mit Anis, Vanille, Chili weich kochen. Mit Kakao bestreuen.

6.27 Kürbiscurry

Stärkt Lunge und Milz, diuretisch, stärkt Qi, schützt Leber. Wärmt Magen und Milz, harmonisiert den Darm, stärkt Qi-Funktion, reduziert Feuchtigkeit. Befeuchtet, entspannt, baut Qi auf, verteilt. Nährt Blut und Leber, harmonisiert Leber und Milz.
Kalorien p. Portion 193
Kochdauer ca. 20 Min.
Thermische Wirkung: warm

Menge	Zutaten		
300 g.	Kürbis	empfehlenswert	E
2 EL	Olivenöl	ja	E
1 Prise	Koriander	empfehlenswert	M
1 Prise	Pfeffer (gemahlen)	wenig	M
1 Prise	Curry	empfehlenswert	M
50 ml	Wasser	ja	E
1 Prise	Salz	ja	W
1 EL	Petersilie	empfehlenswert	H
1 Prise	Kardamom	empfehlenswert	M
1 Prise	Kurkuma (Gelbwurz)	empfehlenswert	F
1/2 Tasse	Reis Vollkorn	ja	M
3 Tassen	Wasser	ja	E
1 Prise	Salz	ja	W

Kochanleitung:
Olivenöl in Pfanne erwärmen. Kürbis in Würfel geschnitten darin andünsten, würzen mit Koriander, Pfeffer und Curry, ablöschen mit wenig Wasser, mit Meersalz salzen, klein geschnittene Petersilie dazugeben mit Kardamom und Kurkuma würzen, auf kleinem Feuer ca. 10 Min. köcheln, je nach Kürbisart, der Kürbis sollte noch bissfest sein.

Den Reis im gesalzenen Wasser zustellen, aufkochen lassen und bei kleiner Hitze ca. 15 Min. Quellen lassen.

6.28 Kürbissuppe

Stärkt Lunge und Milz, diuretisch, stärkt Qi, schützt Leber. Stärkt Qi, stärkt Milz, lindert Entzündungen, befeuchtet, entspannt, baut Qi auf, verteilt. Stärkt Milz und Leber, reguliert Qi-Fluss, befeuchtet, entspannt, baut Qi auf, verteilt.
Kalorien p. Portion 104
Kochdauer ca. 1 Stunde
Thermische Wirkung: warm

Menge	Zutaten		
300 g.	Kürbis	empfehlenswert	E
2 Stück	Karotte (Mohrrübe, Möhre)	ja	E
2 Stück	Kartoffel	ja	E
1 EL	Olivenöl	ja	E
1 Stück	Zwiebel weiss	empfehlenswert	M
1 Tasse	Wasser	ja	E
1 EL	Petersilie	empfehlenswert	H
1 Prise	Anis (gemeiner Fenchel)	empfehlenswert	E
1 Prise	Salz	ja	W

Kochanleitung:
Olivenöl in Pfanne geben, in Würfel geschnittener Kürbis, gewürfelte Karotten und Kartoffel dazugeben, kurz andünsten, klein geschnittene Zwiebel dazugeben, mit Wasser auffüllen, soviel Wasser, dass das Gemüse mind. 3 Fingerbreiten bedeckt ist, Aufkochen lassen und dann auf kleines Feuer stellen.
Mit Meersalz salzen, klein geschnittene Petersilie dazugeben, eine Prise Anis (wenig), evt. noch nachwürzen. Alles zusammen ca. 35 Minuten köcheln lassen. Anschließend die Suppe pürieren und evt. nochmals Wasser dazugeben, je nach Konsistenz der Suppe.

6.29 Kuzusuppe in der Früh

Befeuchtet, entspannt, baut Qi auf, verteilt. Stärkt Magen, harmonisiert Mitte, reduziert innere Hitze, entgiftet, weicht auf, leitet nach unten.
Kalorien p. Portion 12
Kochdauer ca. 5 min.
Thermische Wirkung: neutral
Therapeutisches Rezept

Menge	Zutaten		
1 TL	Kuzu	ja	E
1/4 Liter	Wasser	ja	E
1 Schuß	Sojasauce	weniger als angegeben	W
1 Messerspitze	Umeboshipaste	empfehlenswert	W

Kochanleitung:
Kuzu mit kaltem Wasser anrühren und unter Rühren zum Kochen bringen. Sobald es glasig wird vom Herd nehmen und abkühlen lassen. Mit Tamari und Umeboshipaste oder zerkleinerten Umeboshi-Pflaumen abschmecken
Es besteht immer die Möglichkeit Ihren Magen und Darm mit diesem Rezept vor dem richtigen Frühstück zu unterstützen.
Eine morgendliche Kur für Magen und Schleimhäute. Bringt den Basenhaushalt in Ordnung.

6.30 Linsen-Reis-Eintopf

Stärkt Milz und Leber, reguliert Qi-Fluss, befeuchtet, entspannt, baut Qi auf, verteilt. Wärmt Magen und Milz, harmonisiert den Darm, stärkt Qi-Funktion, reduziert Feuchtigkeit. Bewegt Leber-Qi, kühlt Hitze.
Kalorien p. Portion 232
Kochdauer ca. 25 Min.
Thermische Wirkung: warm

Menge	Zutaten		
100 g.	Linsen (Helmbohnen)	empfehlenswert	W
5 Tassen	Wasser	ja	E
1 Tasse	Reis Sorte beliebig	ja	M
1 EL	Sesamöl	ja	E
2 Stück	Karotte (Mohrrübe, Möhre)	ja	E
2 Stangen	Sellerie Stangensellerie	empfehlenswert	E
1 Prise	Cumin (Kreuzkümmel)	wenig	M
1 Prise	Salz	ja	W
1 Schuß	Essig (Apfelessig)	wenig	H
2 EL	Petersilie	empfehlenswert	H

Kochanleitung:
Linsen einweichen; in einem heißen Topf Sesamöl erhitzen; Karotte und Stangensellerie klein schneiden und andünsten; Reis, eine Prise Cumin und Linsen dazugeben und aufkochen; wenn die Linsen weich sind, Salz zugeben; mit etwas Essig abschmecken und mit Petersilie garnieren.

6.31 Nierenbohneneintopf mit Lamm und Salbei

Nähren Yin von Herz und Niere. Stärkt Milz- und Nieren-Yang, stärkt Qi, erwärmt Mittleren und Unteren Erwärmer. Löst Stagnation, leitet nach oben. Befeuchtet, befeuchtet, entspannt, baut Qi auf, verteilt.
Kalorien p. Portion 391
Kochdauer ca. 1 1/2 Stunden
Thermische Wirkung: warm

Menge	Zutaten		
3 EL	Sojaöl	empfehlenswert	E
2 Stück	Zwiebel weiss	empfehlenswert	M
200 g	Lamm Fleisch	empfehlenswert	F
4-5 Blätter	Salbei	ja	F
1 Prise	Salz	ja	W
1/2 TL	Rosmarin	empfehlenswert	F
1/2 TL	Thymian	empfehlenswert	W
250 g.	Nierenbohnen (rote)	empfehlenswert	W
3/4 Liter	Wasser	ja	E

Kochanleitung:
Nierenbohnen über Nacht in Wasser einweichen. In einem Topf Zwiebel mit Öl anrösten. Das Lamm in Würfel schneiden und in den Topf geben. Mit Salz, Salbei, Rosmarin und Thymian würzen. Lamm gut anrösten und Topf zudecken. Bei kleiner Flamme dünsten lassen und nach 10 min einen dreiviertel Liter kaltes Wasser dazu. Wieder etwas salzen. Zum Kochen bringen. Wenn das Wasser kocht, Bohnen dazu. Mind. 1 Stunde köcheln bis Bohnen und Fleisch weich sind.

6.32 Quinoa mit Pfirsich

Nährt Blut und Säfte, bewegt Blut, baut Qi auf, verteilt. Stärkt Qi, trocknet aus, leitet nach unten. Stärkt Mittleren Erwärmer, befeuchtet.
Kalorien p. Portion 247
Kochdauer ca. 20 min.
Thermische Wirkung: warm

Menge	Zutaten		
1 Tasse	Quinoa	empfehlenswert	F
2 Tassen	Wasser	ja	E
2 TL	Honig	wenig	E
2 Stück	Pfirsich	wenig	E
2 TL	Leinöl	empfehlenswert	E
1 TL gehackte	Zitronenmelisse (frisch)	empfehlenswert	M
1 Prise	Chili (Schote oder gemahlen)	empfehlenswert	M
1 Prise	Zimtpulver	empfehlenswert	M
1 Prise	Vanille	ja	E

Kochanleitung:
Am Abend: Quinoa in heißes Wasser und zugedeckt 15 bis 20 weich kochen.
In der Früh: Quinoa mit 1 El Wasser aufwärmen.
Pfirsiche in einem Topf leicht dünsten oder frisch dazu geben. Mit frischer Zitronenmelisse dekorieren.

Sommer: Nektarinen, Marillen
Winter: Eingelegtes Obst, Birne, Äpfel

6.33 Rasche Flocken mit Kompott oder Marmelade

Stärkt Qi, trocknet aus, leitet nach unten. Stärkt Mittleren Erwärmer, befeuchtet. Befeuchtet, entspannt, baut Qi auf, verteilt. Stärken Nieren-Qi, -Essenz und Gehirn, stärkt Niere. Wärmt Mitte.
Kalorien p. Portion 231
Kochdauer ca. 5 min.
Thermische Wirkung: warm

Menge	Zutaten		
5–7 EL	Quinoa	empfehlenswert	F
1/4 Liter	Wasser	ja	E
1 Tasse	Kirschenkompott	empfehlenswert	E
1 EL gerieben	Walnüsse	wenig	E
1 EL	Olivenöl	ja	E
2 EL	Honig	wenig	E
1 Prise	Vanille	ja	E
1 Prise	Anis (gemeiner Fenchel)	empfehlenswert	E
1 Prise	Kardamom	empfehlenswert	M
1 Prise	Chili (Schote oder gemahlen)	empfehlenswert	M

Kochanleitung:
Flocken in eine Pfanne geben und mit Wasser aufgießen. 3-5 Minuten aufkochen, vom Feuer ziehen, Nüsse und Kompott dazugeben. Ein Schuß Öl dazugeben. Süßen nach Bedarf mit Honig, Vollrohrzucker oder Agavendicksaft.
Gewürze und Aromen : Vanille, Anis, Fenchel oder Koriander, Kardamom, wenig Chili
Winter: Apfelkompott, Birnenkompott, Früchtemarmelade
Sommer: Zwetschkenkompott, Marillenkompott

6.34 Reis mit gedämpftem Gemüse

Leitet Hitze und Feuchtigkeit aus
Kalorien p. Portion 92
Kochdauer ca. 20 min (+Grundrezept)
Thermische Wirkung: neutral

Menge	Zutaten		
1 Tasse	Grundrezept für eine Reissuppe	empfehlenswert	
3 Tassen	Wasser	ja	E
1 Stück	Zitrone Schale	empfehlenswert	F
1/8 Liter	Wasser	ja	E
2 Stück	Karotte (Mohrrübe, Möhre)	ja	E
1/2 Stück	Sellerie Stangensellerie	empfehlenswert	E
1/2 Tasse	Champignon	ja	E
2 EL	Kresse	wenig	M
1 Schuß	Leinöl	empfehlenswert	E

Kochanleitung:
Reis nach Grundrezept kochen. Zitronenschale mitkochen.
Wasser aufstellen und kleingeschnittene Karotten, Stangensellerie und Champignons in Gemüseeinsatz dämpfen bis sie weich sind.
Anschließend mit Kresse bestreuen. Dann ein Schuß hochwertiges kaltes Öl zugeben

6.35 Reis mit Pastinake

Reguliert Qi, trocknet aus, leitet nach unten. Wärmt Magen und Milz, harmonisiert den Darm, stärkt Qi-Funktion, reduziert Feuchtigkeit. Befeuchtet, entspannt, baut Qi auf, verteilt. Vertreibt Schleim, leitet nach unten, Aktiviert Wei Qi, stärkt Qi.
Kalorien p. Portion 206
Kochdauer ca. 45 Min.
Thermische Wirkung: kühl

Menge	Zutaten		
1 Tasse	Reis Sorte beliebig	ja	M
2 Tassen	Wasser	ja	E
1 Prise	Salz	ja	W
3-4 Stück	Pastinake	empfehlenswert	F
1 EL	Olivenöl	ja	E
1 TL	Salbei	ja	F

Kochanleitung:
Pastinake schälen und in Scheiben schneiden. Kurz in Öl anbraten. Reis hinzugeben und kurz anbraten. Mit Wasser übergießen und mind. 30 min. kochen lassen. Mit wenig frischem gehacktem Salbei bestreuen.

6.36 Reisbrei mit Frühlingszwiebel

Wärmt Magen und Milz, harmonisiert den Darm, stärkt Qi-Funktion, reduziert Feuchtigkeit. Reguliert Qi, wärmt Milz und Niere, löst Stagnation, leitet nach oben.
Kalorien p. Portion 177
Kochdauer ca. 25 Min.
Thermische Wirkung: warm

Menge	Zutaten		
1 Tasse	Reis Sorte beliebig	ja	M
4 Tassen	Wasser	ja	E
2 EL	Zwiebel Frühlingszwiebel	empfehlenswert	M

Kochanleitung:
Reis mit dem Wasser kochen bis ein Brei entsteht. Zwiebel fein schneiden und weitere 5 min. ziehen lassen.

6.37 Reis-Congee mit Honigbirne und schwarzem Sesam

Speziell bei Nieren Yin Mangel. Befeuchtet Lunge, kühlt Hitze, reduziert Lungenschleim, produziert Körpersäfte, befeuchtet, entspannt, baut Qi auf, verteilt. Befeuchtet Darm, nährt Yin.
Kalorien p. Portion 158
Kochdauer ca. 10 Min. (+Grundrezept)
Thermische Wirkung: neutral

Menge	Zutaten		
2 Tassen	Grundrezept für eine Reissuppe	empfehlenswert	
2 Stück	Birne	ja	E
1 TL	Sesam, Schwarzer	empfehlenswert	H

Kochanleitung:
Reis-Congee nach Grundrezept kochen oder vorbereiteten verwenden.

Topf mit 3 cm Wasser befüllen und aufkochen lassen. Birnen vierteln (mit Haut und Kerne) und hineingeben und mit schwarzem Sesam 10 min zugedeckt köcheln lassen. Mit dem Reis mischen.

6.38 Reis-Congee mit Karotten und Fenchel

nährend baut Qi auf, stärkt die Verdauungsfunktionen
Kalorien p. Portion 131
Kochdauer ca. 2 Stunden und mehr
Thermische Wirkung: warm

Menge	Zutaten		
1/2 Liter	Grundrezept für eine Reissuppe	empfehlenswert	
2 Stück	Karotte (Mohrrübe, Möhre)	ja	E
1 Stück	Fenchel	empfehlenswert	E
1 TL	Butter Bio	ja	E
1/2 TL	Kardamom	empfehlenswert	M

Kochanleitung:
Reis-Congee nach Grundrezept kochen.

Hinweis:
Wenn Karotten und Fenchel von Anfang an mitgekocht werden, dienen sie der Bekömmlichkeit. Werden sie kurz vor Ende der Kochzeit zugegeben, bleiben Geschmack und Vitamine erhalten.

Vor dem servieren mit Butter und Kardamom verfeinern.

6.39 Reis-Congee mit Trockenfrüchten

Wärmt Magen und Milz, harmonisiert den Darm, stärkt Qi-Funktion, reduziert Feuchtigkeit. Nährt Blut und Yin, harmonisiert Lungen-Qi. Stärkt Qi und Nieren-Jing, befeuchtet, entspannt, baut Qi auf, verteilt.
Kalorien p. Portion 210
Kochdauer ca. 10 Min. (+Grundrezept)
Thermische Wirkung: warm

Menge	Zutaten		
4 Tassen	Grundrezept für eine Reissuppe	empfehlenswert	
1/2 EL	Butter Bio	ja	E
6 EL	Aprikose getrocknet	empfehlenswert	E
1/2 Tasse	Wasser	ja	E
1 Schuß	Ahornsirup	ja	E

Kochanleitung:
Reis-Congee nach Grundrezept kochen.

Etwas Butter bei kleiner Flamme zerlassen und klein geschnittene Trockenfrüchte mit 1/2 Tasse Wasser kurz darin dünsten. Die für die Mahlzeit gewünschte Menge an Reisbrei zugeben und erhitzen. Heiß servieren und bei Bedarf mit Ahornsirup nachsüßen.
Variante: Zusätzlich frisches Obst mit andünsten.

6.40 Reis-Congee mit zerstoßenen Walnüssen

Nährend und leicht erwärmend, erwärmt die Mitte baut Qi auf. Wärmt Magen und Milz, harmonisiert den Darm, stärkt Qi-Funktion, reduziert Feuchtigkeit.
Kalorien p. Portion 406
Kochdauer ca. 2 Stunden und mehr
Thermische Wirkung: warm

Menge	Zutaten		
4 Tassen	Grundrezept für eine Reissuppe	empfehlenswert	
2-3 EL	Zucker Ursüße (Zuckerrohr) süß	wenig	E
1 Tasse	Walnüsse	wenig	E
1 Prise	Zimtpulver	empfehlenswert	M

Kochanleitung:
Grundrezept für Reissuppe (Congee) kochen
Hinweis: Die Walnüsse können von Anfang an mitgekocht werden.
Variante: Nach Belieben mit süßen oder pikanten Zutaten verfeinern. Insbesondere Zimt, Nelken, und Ingwer erhöhen die erwärmende Wirkung und die Bekömmlichkeit.

6.41 Reis-Dulse-Suppe

Stärkt Milz und Leber, reguliert Qi-Fluss, entspannt, baut Qi auf, verteilt. trocknet aus, leitet nach unten. Stärkt Magen-Qi. Wärmt Magen und Milz, harmonisiert den Darm, stärkt Qi-Funktion, reduziert Feuchtigkeit.
Kalorien p. Portion 190
Kochdauer ca. 5 min (+Grundrezept)
Thermische Wirkung: warm

Menge	Zutaten	
4 Tassen	Grundrezept für eine Reissuppe	empfehlenswert
1/2 Liter	Grundrezept für eine Gemüsebrühe	empfehlenswert
2 EL	Dulse (Lappentang)	empfehlenswert W

Kochanleitung:
Eine Portion vorgekochtes Grundrezept für eine Reissuppe (Congee) mit vorgekochtes Grundrezept für eine Gemüsebrühe nahrhaft aufwärmen.

Dulse im Backofen bei 220 Grad 3 Min. backen. Die knusprige Dulse über die Suppe streuen.

6.42 Reisnudelsuppe mit Shiitakepilzen

Stärkt Milz und Leber, reguliert Qi-Fluss, entspannt, baut Qi auf, verteilt. trocknet aus, leitet nach unten. Stärkt Magen-Qi. Nährt Yin von Lunge, Magen und Dickdarm, unterstützt die Verdauung. Reduziert inneren Wind
Kalorien p. Portion 65
Kochdauer ca. 20 Min. (+Grundrezept)
Thermische Wirkung: neutral

Menge	Zutaten		
2 Handvoll	Reisnudeln	ja	M
4-6 Stück	Shiitake, getrocknet	ja	E
2 Tassen	Grundrezept für eine Gemüsebrühe	empfehlenswert	
1 Tasse	Chinakohl	ja	E
1 TL	Liebstöckel	empfehlenswert	M
2 EL	Miso	empfehlenswert	W

Kochanleitung:
Reisnudeln und Shiitakepilze getrennt in kaltem Wasser einweichen. Gemüsebrühe erhitzen und eingeweichte, in Streifen geschnittene Shiitakepilze zugeben und sanft köcheln. Chinakohl nudelig schneiden, Liebstöckelgrün und Reisnudeln dazugeben und kurz ziehen lassen. Vor dem Servieren in etwas abgekühltem Kochwasser gelöstes Miso einrühren.
Empfehlung: Geeignet zu Beginn jeder Mahlzeit, auch zum Frühstück

6.43 Reissuppe mit frischen Früchten

Stärkt Niere und Blase. Stärkt Qi und Nieren-Jing, befeuchtet, entspannt, baut Qi auf. Reduziert innere Hitze, produziert Körpersäfte. Stärkt Mitte, befeuchtet, entspannt, verteilt. Vertreibt Kälte, löst Stagnation, treibt Schweiß, regt Nerven an.
Kalorien p. Portion 143
Kochdauer ca. 1 1/2 Stunden
Thermische Wirkung: kühl

Menge	Zutaten		
1 Tasse	Reis Wilder (Naturreis)	empfehlenswert	M
8 Tassen	Wasser	ja	E
2 Tassen	Apfel (süß)	ja	E
1 EL	Butter Bio	ja	E
1 Prise	Vanille	ja	E
1 kleine Prise	Chili (Schote oder gemahlen)	empfehlenswert	M
2 TL	Zucker Ursüße (Zuckerrohr) süß	wenig	E

Kochanleitung:
Reis-Congee nach Grundrezept zubereiten. Am Ende klein geschnittene Früchte nach Saison, Vanille, Chili und Butter zugeben; nach Geschmack süßen.
Variante: Mit Nüssen kann das Gericht jederzeit reichhaltiger und sättigender gestaltet werden.
Wirkung: Gekochte oder gedünstete Früchte sind leichter verdaulich und wirken besser auf die Produktion von Körpersäften als rohe. Bei einigen Früchten, die sich besonders für heiße Tage im Sommer eignen - wie Melonen und Beeren-, empfiehlt es sich dennoch, die Früchte nur zum heißen Brei hinzuzufügen. Andere Obstsorten - wie Äpfel, Birnen, Pflaumen und Kirschen - können auch eine Weile mitgeköchelt werden

6.44 Rindfleischsuppe mit Karotten, Lauch, Lorbeer

Stärkt Milz-Qi, stärkt Blut und Qi, befeuchtet, entspannt, baut Qi auf, verteilt. Stärkt Milz und Leber, reguliert Qi-Fluss. Stärkt Magen-Qi.
Kalorien p. Portion 194
Kochdauer ca. 2-3 Stunden
Thermische Wirkung: warm

Menge	Zutaten		
1/2 Kg.	Rind Fleisch	empfehlenswert	E
2 Stück	Karotte (Mohrrübe, Möhre)	ja	E
1/2 Stück	Lauch (Porree)	empfehlenswert	M
3 Blätter	Lorbeerblatt	empfehlenswert	M
1 EL	Mais Grieß (Polenta)	ja	E
1/2 Liter	Wasser	ja	E
1 Prise	Salz	ja	W

Kochanleitung:
Wenig kaltes Wasser aufsetzen (soviel, dass das Fleisch eben bedeckt wird); Rindersuppenfleisch oder Beinscheibe zum Kochen bringen und einen Moment sieden lassen; dann die Brühe weggießen, das Fleisch mit heißem Wasser abbrausen (dadurch erspart man sich das Abschäumen), den Topf säubern und erneut das Fleisch in heißem Wasser aufsetzen; kleingeschnittene Karotte, Lauch, den Mais und Lorbeer hinzugeben; köcheln, bis das Fleisch gar ist.

6.45 Rosmarinkartoffeln

Stärkt Qi, stärkt Milz, lindert Entzündungen, entspannt, baut Qi auf, verteilt.
Kalorien p. Portion 188
Kochdauer ca. 30 Min.
Thermische Wirkung: neutral

Menge	Zutaten		
6-8 Stück	Kartoffel	ja	E
1 Prise	Salz Kräutersalz	empfehlenswert	W
1 EL	Olivenöl	ja	E
1 TL	Rosmarin	empfehlenswert	F

Kochanleitung:
Kartoffeln in der Länge halbieren, wenig Olivenöl auf die Schnittfläche streichen, salzen, 2 - 3 Rosmarinnadeln auf jede halbe Kartoffel streuen, Kartoffeln auf Backblech stellen und im vorgeheizten Backofen ca. 25 Minuten auf 190 Grad backen.

6.46 Rührei mit Rucola und Kräutern

Nährend und leicht erwärmend.
Kalorien p. Portion 360
Kochdauer ca. 10 Min
Thermische Wirkung: neutral

Menge	Zutaten		
2 EL	Butter Bio	ja	E
1 Messerspitze	Ingwer frisch	empfehlenswert	M
2 Stück	Huhn Ei	ja	E
1 Prise	Pfeffer (gemahlen)	wenig	M
1 Prise	Koriander	empfehlenswert	M
2 EL	Petersilie	empfehlenswert	H
2 Handvoll	Rucola (Rauke)	wenig	F
1 TL	Oregano getrocknet	empfehlenswert	M
1 Prise	Bohnenkraut	empfehlenswert	W

Kochanleitung:
In einer heißen Pfanne ein Stück Butter schmelzen; etwas Ingwer kleingeschnitten kurz anbraten; 1 Ei aufgeschlagen, Pfeffer frisch gemahlen, eine Prise Koriander, Bohnenkraut, etwas Salz, Petersilie gehackt, Rucola und Oregano kleingeschnitten unterrühren, bis das Ei stockt, aber noch saftig ist.
Dazu passt: Hirse, Polenta, Kartoffeln, getoastetes Brot. Bekömmlicher ist das Gericht jedoch ohne Kohlehydrate.

6.47 Russischer Kasha mit Weißkohl

Stärkt Milz Magen und Darm Qi, wirkt leicht erwärmend. Wandelt Feuchtigkeit um, reduziert feuchte Hitze und inneren Wind.
Kalorien p. Portion 250
Kochdauer ca. 30 Min.
Thermische Wirkung: kühl

Menge	Zutaten		
1 Tasse	Buchweizen Vollkorn	empfehlenswert	H
2 Tassen	Wasser	ja	E
1 Prise	Muskatnuss	ja	M
1 Prise	Salz	ja	W
1 EL	Petersilie	empfehlenswert	H
1 Prise	Kümmel	empfehlenswert	E
1 TL	Butter Bio	ja	E
1 Handvoll	Weißkohl/Weißkraut	empfehlenswert	E

Kochanleitung:
Buchweizen trocken goldgelb rösten; kochendes Wasser zugießen, kurz aufkochen und dann quellen lassen, bis er weich ist; Weißkohl fein raspeln und unterheben mit Muskat, etwas Salz würzen; am Schluss etwas Petersilie, Kümmel und Butter hinzufügen.

6.48 Sake heiß

Zerstreut und bewegt Qi, befeuchtet, reduziert Kälte-Übel, weicht Knoten auf.
Kalorien p. Portion -
Kochdauer ca. 5 Min.
Thermische Wirkung: warm

Menge	Zutaten		
2 cl.	Sake	wenig	M

Kochanleitung:
Sake erhitzen und trinken.

6.49 Schwarzaugenbohnen-Eintopf

Stärkt Milz und Niere; ist sehr nahrhaft. Wärmt Magen und Milz, harmonisiert den Darm, stärkt Qi-Funktion. Stärken Magen und Niere, stärkt Milz und Niere.
Kalorien p. Portion 140
Kochdauer ca. 20 Min.
Thermische Wirkung: warm

Menge	Zutaten		
1 Tasse	Schwarzaugenbohnen	ja	W
2 Tassen	Reis Sorte beliebig	ja	M
10 Tassen	Wasser	ja	E

Kochanleitung:
Bohnen über Nacht einweichen. In einem Verhältnis von 1:2 die Bohnen mit dem Reis zusammen weich köcheln. Je nachdem, wie heiß die Flamme ist und wie dünn das Gericht sein soll, muss mehr Wasser hinzugefügt werden.

Variante: In Öl angebratene Gemüse wie Karotten, Sellerieknolle, Zwiebeln oder Lauch dazugeben.

6.50 Selleriesaft

Stärkt Magen-Qi, befeuchtet, entspannt, baut Qi auf, verteilt.
Kalorien p. Portion 33
Kochdauer ca. 5 Min.
Thermische Wirkung: kühl

Menge	Zutaten		
1/2 Stück	Sellerie Knolle	empfehlenswert	E
1 Tasse	Wasser	ja	E
1 Prise	Salz	ja	W

Kochanleitung:
Seller Knolle entsaften und mit Wasser mischen und nach Bedarf salzen.

6.51 Selleriesuppe

Erfrischend, baut Säfte und Qi auf.
Kalorien p. Portion 101
Kochdauer ca. 45 Min.
Thermische Wirkung: kühl

Menge	Zutaten		
1/2 Liter	Wasser	ja	E
1 EL	Butter Bio	ja	E
1 Prise	Muskatnuss	ja	M

1 Prise	Salz	ja	W
2-3 TL	Dinkel Vollkornmehl	ja	H
1 Stück	Sellerie Knolle	empfehlenswert	E
1 Stück	Huhn Ei	ja	E
2-3 EL	Sahne sauer 10%	empfehlenswert	H
2 EL	Sellerie Stangensellerie	empfehlenswert	E
1 Prise	Pfeffer (gemahlen)	wenig	M

Kochanleitung:
In einem heißen Topf 1 EL Butter schmelzen; eine Messerspitze Muskat, eine Prise Salz, 1/2 Tasse Dinkelvollkornmehl (fein und möglichst frisch gemahlen), hineingeben und unter Rühren zu einer Schwitze verarbeiten; 1/2 l heißes Wasser nach und nach einrühren; 1 große fein geschnittene Sellerieknolle dazugeben; etwa 35 Minuten garen und danach pürieren; 1 Eigelb mit 1 Tasse Sahne verrühren; in die heiße - nicht mehr kochende! - Suppe kräftig untermengen; einige Sellerieblätter fein gehackt dazugeben; mit Pfeffer, Salz abschmecken.

6.52 Tafelspitz nach klassischer Art

Stärkt Milz-Qi, stärkt Blut und Qi, befeuchtet, entspannt, baut Qi auf, verteilt. Stärkt Qi, stärkt Milz, lindert Entzündungen, befeuchtet.
Kalorien p. Portion 453
Kochdauer ca. 3 Stunden
Thermische Wirkung: warm

Menge	Zutaten		
1 Stück	Zwiebel weiss	empfehlenswert	M
1 EL	Maiskeimöl	empfehlenswert	E
3 1/2 l.	Wasser	ja	E
2 Kg Tafelspitz	Rind Fleisch	empfehlenswert	E
4-6 Scheiben	Rind Fleischknochen mit Mark	empfehlenswert	E
1 Prise	Salz	ja	W
15 Stk.	Pfeffer Körner	wenig	M
1 Stück	Pastinake	empfehlenswert	F
2 Stück	Karotte (Mohrrübe, Möhre)	ja	E
1 Scheibe	Sellerie Knolle	empfehlenswert	E
2 Stück	Petersilienwurzel	empfehlenswert	E
1/2 Stange	Lauch (Porree)	empfehlenswert	M
1 EL gehackte	Lauchzwiebel Schnittlauch	wenig	M
1 Kg	Kartoffel	ja	E
2 EL	Sonnenblumenöl	ja	E
1 Prise	Salz	ja	W

Kochanleitung:
Zwiebeln halbieren, aber nicht schälen. Zwiebeln in einer Pfanne mit Fett an den Schnittflächen sehr dunkel bräunen. Fleisch und Knochen kurz mit warmen Wasser waschen, abtropfen lassen.
Wasser aufkochen, Fleisch einlegen und schwach wallend kochen.

Aufsteigenden Schaum ständig abschöpfen. Sobald kein Schaum mehr aufsteigt, Pfefferkörner und die Zwiebel zugeben. Wurzelwerk und Lauch putzen und nach ca. zweieinhalb Stunden Garzeit zugeben. Tafelspitz noch eine weitere halbe Stunde köcheln lassen.
Tafelspitz aus der Suppe heben, durch ein Sieb gießen und mit Salz abschmecken. Wurzelwerk in mundgerechte Stücke schneiden.
Gemeinsam mit den Markknochen in die Suppe geben und unter dem Siedepunkt ziehen lassen. Tafelspitz gegen den Faserlauf in fingerdicke Scheiben schneiden, in die Suppe legen, nochmals erhitzen, mit ein wenig Schnittlauch bestreuen.
Nebenbei die Kartoffeln in Salzwasser garen und schälen. Grob stampfen oder feinwüfelig schneiden. In einer Pfanne mit dem Öl knusprig anbraten.

6.53 Tee Basilikumtee

Trocknet aus, leitet nach unten.
Kalorien p. Portion -
Kochdauer ca. 10 Min.
Thermische Wirkung: warm
Therapeutisches Rezept

Menge	Zutaten		
1 TL	Basilikum	empfehlenswert	M
1/2 Liter	Wasser	ja	E

Kochanleitung:
Wasser zum sieden bringen und wegstellen. Basilikum dazugeben und 10 min. ziehen lassen. Ev. mit Honig süßen

6.54 Tee Ginseng-Tee

Stärkt Herz, Lunge, Magen, Milz, Nieren-Qi.
Kalorien p. Portion -
Kochdauer ca. 20 Min.
Thermische Wirkung: warm
Therapeutisches Rezept

Menge	Zutaten		
2 Teebeutel	Ginseng	empfehlenswert	
1/2 Liter	Wasser	ja	E

Kochanleitung:
Eine sehr milde Form der Einnahme von Ginseng erreicht man, wenn man ihn in eine Thermoskanne mit heißem Wasser legt. Dabei kann man die Wurzel auch mehrmals verwenden, also nicht nur für eine Kannenfüllung. Idealerweise sollte man das Wasser 10 Minuten lang gekocht haben - es wird dann der Wandlungsphase Feuer zugeordnet -

und Heilquellenwasser ohne Kohlensäure benutzen, wenn die Qualität des Wassers vor Ort nicht gut ist.
Einnahme: Dieser milde Ginsengtee kann zur Kräftigung den ganzen Tag über getrunken werden.

6.55 Tee Rosmarintee

Trocknet aus, leitet nach unten. Stärkt Herz, Lunge und Milz-Qi, Stärkt Leber-Blut. Stärkt Herz-Yin. Vertreibt Milz Hitze/Kälte Feuchtigkeit. Stärkt Milz- und Nieren-Yang
Kalorien p. Portion 1
Kochdauer ca. 15 Min.
Thermische Wirkung: warm
Therapeutisches Rezept

Menge	**Zutaten**		
2-4 TL	Rosmarin	empfehlenswert	F
1/2 Liter	Wasser	ja	E

Kochanleitung:
Wasser zum sieden bringen und wegstellen. Rosmarin dazugeben und 10 min. ziehen lassen. Ev. mit Honig süßen.

6.56 Tee Stangensellerietee

Bewegt Leber-Qi, kühlt Hitze, befeuchtet, entspannt, baut Qi auf, verteilt.
Kalorien p. Portion -
Kochdauer ca. 15 Min.
Thermische Wirkung: kühl
Therapeutisches Rezept

Menge	**Zutaten**		
2 EL gehackte	Sellerie Stangensellerie	empfehlenswert	E
1/2 Liter	Wasser	ja	E

Kochanleitung:
Wasser zum sieden bringen und wegstellen. Kleingeschnittene Stangensellerie dazugeben und 10 min. ziehen lassen. Ev. mit Honig süßen. Beim eingießen abseihen.

6.57 Tee Yogitee

Reduziert Lungen-Wind-Kälte, Stärkt Nieren-Yang.
Kalorien p. Portion -
Kochdauer ca. 20 Min.
Thermische Wirkung: heiß
Therapeutisches Rezept

Menge	Zutaten		
1 Teebeutel	Yogitee	empfehlenswert	M
1/2 Liter	Wasser	ja	E

Kochanleitung:
Wasser zum Sieden bringen und den Tee hineingeben und 10-20 min. ziehen lassen. Yogi Tee besteht aus einer Gewürzmischung mit Zimt, Kardamom, Ingwer, Nelken und schwarzem Pfeffer. Da Yogi Tee sehr geschmacksintensiv ist, sollte man losen Tee eher sparsam verwenden bzw. dosieren.

6.58 Tee Zimt

Erwärmt Magen und Milz, fördert Durchblutung und Leitbahnfluss, lindert Kälte-Übel und Schmerzen.
Kalorien p. Portion 2
Kochdauer ca. 15 Min.
Thermische Wirkung: heiß

Menge	Zutaten		
1/4 Stück	Zimtstange	empfehlenswert	M
1 Tasse	Wasser	ja	E

Kochanleitung:
Ein viertel Stange Zimt für eine Tass Tee. Kalt ansetzen und kurz aufkochen. 15 Minute ziehen lassen, dann abseihen.
Dieser Tee wird ungesüßt und schluckweise, langsam getrunken. Die Menge reicht für einen Tag.

6.59 Tsampa mit Marmelade oder Obstkompott

Nährt Säfte, reduziert Magenhitze, stärkt Milz, produziert Essenz, harmonisiert Magen. Nähren Yin, befeuchten, befeuchtet Darm.
Kalorien p. Portion 280
Kochdauer ca. 5 min.
Thermische Wirkung: kühl

Menge	Zutaten		
3 EL	Tsampa (geröstetes Gerstenmehl)	ja	E
6-8 EL	Wasser	ja	E
1/2 TL	Butter Bio	ja	E
1 EL	Erdbeermarmelade	empfehlenswert	H
2 TL	Sonnenblumenkerne	empfehlenswert	E
1 Stück gerieben	Apfel (süß)	ja	E

Kochanleitung:
Tsampa mit kochendem Wasser übergießen und mit einem Löffel umrühren bis ein Brei entsteht.
Butter, Marmelade, Sonnenblumenkerne und geriebenen Apfel dazugeben.

Süßen nach Geschmack mit Honig, Vollrohrzucker, oder Gerstenmalz
Gewürze und Kräuter: frische Minze, Vanille oder Kakao, Anis, Zimt

Sommer: Marmelade oder Kompott nach Wahl
Winter: Nüsse und Apfel oder Birne

6.60 Wärmender Haferflockenbrei

Stärkt Qi und Abwehrkraft.
Kalorien p. Portion 357
Kochdauer ca. 10 Min.
Thermische Wirkung: warm

Menge	Zutaten		
6 EL	Hafer Flocken (Vollkorn)	empfehlenswert	M
3 Stück	Feige getrocknet	ja	E
1 Stück	Sternanis	empfehlenswert	M
1 Prise	Ingwer frisch	empfehlenswert	M
1 Tasse	Wasser	ja	E
1 EL	Ahornsirup	ja	E
1 EL gehackte	Walnüsse	wenig	E

Kochanleitung:
Trockenfrüchte einweichen. Haferflocken trocken anrösten; Trockenfrüchte, Sternanis oder Zimt, etwas geriebenen Ingwer dazugeben und alles mit Wasser zu einem Brei kochen. Mit Ahornsirup süßen. Walnüsse rösten und vor dem Servieren drüberstreuen.

Wirkung: Eignet sich gut für die kalte Jahreszeit.
Vorsicht: Frischen Ingwer nicht über einen längeren Zeitraum trinken.

7 Wirkung der Lebensmittel

7.1 Zutaten verwenden: empfehlenswert

Aal geräuchert 291
Acaipulver 393
Acerola Fruchtnektar oder Pulver 35
Agar-Agar, Agartang 37
Agavendicksaft 312
Amaranth POPS 374
Andornkraut .... -
Angelikawurzel .... -
Anis (gemeiner Fenchel) 378
Apfelmus 72
Apfelsaft (Naturtrüb) 50

Aprikose getrocknet	249
Aprikosen Marmelade	272
Aprikosennektar	58
Astronautenkost	418
Austernschalenpulver	-
Backpulver	156
Baldrian	-
Banchatee	-
Bärentraubenblätter	-
Bärlauch (Knoblauchspinat)	-
Basilikum	27
Basilikum (frisch)	27
Beeren der Saison	-
Benediktendistel	-
Berberitzenrindetee	-
Bier (alkoholarm)	55
Bier (alkoholfrei)	26
Bitter Lemon	52
Bitterklee	-
Bitterlikör	-
Bitterorangenschale	-
Blätterteig	418
Blütenpollen	-
Bocksdornfrüchte (Fructus Lycii) getrocknet	73
Bockshornklee	-
Bohnen (grün, frisch)	35
Bohnenkraut	50
Borretsch	21
Boxhornkleesamen	-
Brennnessel	24
Brie	335
Brombeerblätter	-
Brombeere getrocknet (unreife)	-
Brombeermarmelade	267
Brösel (Weizenbrot, Semmel)	263
Brot mit Johannisbrotkernmehl	222
Brötchen (Semmel)	263
Buchweizen (geröstet) Kasha	-
Buchweizen Vollkorn	351
Buschbohnen	26
Butter (halbfett)	3.830
Butterbohnen weiße	274
Butterschmalz	897

Calamari	88
Camembert	288
Campari	-
Chana-Dal	-
Chenpi (chinesische Mandarinenschale)	-
Chili (Schote oder gemahlen)	341
Chrysanthemenblütentee	-
Colagetränk	60
Colagetränk (kalorienarm)	4
Cranberrys	53
Curry	325
Currypaste rot	104
Dashi	167
Datteln rot	143
Dornhai (Seeaal, Schillerlocken)	154
Dorsch	96
Dulse (Lappentang)	246
Edamer	354
Eibennuss	-
Eibisch	-
Emmentaler	398
Entenei	186
Enziantee	-
Enzianwurzel	-
Erdbeermarmelade	268
Erdnuss (geröstet)	629
Erdnussbutter	611
Essig Aceto Balsamico weiss	21
Essiggurke	16
Estragon	52
Färberdistel (Hong Hua)	-
Färberginsterkraut	-
Fasan	143
Fenchel	31
Fenchelsamen gemahlen	348
Fencheltee	-
Fernet Branca (Kräuterbitterlikör)	-
Feta	236
Fisch Innereien	-
Fischreste	-
Fischsauce	30
Flaschenkürbis	13
Flohsamen	10

Flunder	117
Forelle (geräuchert)	120
Frischkäse aus Soja	363
Frischkäse mit Kräuter	341
Früchtetee	1
Fruchtzucker (Fruktose, Traubenzucker)	406
Gagelpflaume	-
Galgant	-
Gans (Gänseschmalz)	900
Gänseblümchen	-
Gänseblut	-
Garam Masala Pulver	-
Gelatine weiss	-
Gelee Royal	-
Gerste (Perlgerste)	354
Gerstengras Pulver	371
Gerstengrütze	314
Gerstenmalz	291
Gerstenmehl	354
Getreidekaffee	-
Ginkgofrucht	-
Ginseng	-
Ginsenglikör	-
Ginsengwurzel	-
Glühweingewürzmischung	-
Gorgonzola	356
Gouda	365
Grapefruit getrocknete Schale	-
Graskarpfen	-
Grundrezept für eine Fischbrühe	82
Grundrezept für eine Gemüsebrühe nahrhaft	19
Grundrezept für eine Hühnerbrühe wärmend	39
Grundrezept für eine Reissuppe (Congee)	50
Grundrezept für eine Rinderbrühe	-
Grundrezept für eine Rinderbrühe (klar)	34
Grünkern	324
Guave	-
Gurke (bitter)	12
Gurke (Gewürzgurke)	13
Hafer	389
Hafer Flocken (Vollkorn)	399
Hafer Mehl	388
Hafer Milch	45

Hafer Schmelzlocken (Babynahrung) 399
Hafer Schrot 389
Hagebutte 246
Haifisch .... -
Hase 153
Hase, wild 113
Hefe 313
Heidelbeere getrocknet 72
Heidelbeermarmelade 271
Heilbutt 101
Hering 234
Hibiskustee .... -
Hijiki 139
Himbeerblättertee .... -
Himbeermarmelade 269
Hirsch Fleisch 112
Hirsch Knochen .... -
Hirsch Nieren .... -
Hokkaidokürbis 27
Holunderbeeren 53
Honigwein (Met) 110
Hopfen .... -
Huhn Blut .... -
Huhn Eiweiß 50
Hüttenkäse 103
Ingwer frisch 49
Ingwer Pulver 295
Jakobstränen .... -
Jasminblütentee .... -
Joghurt Vanille 68
Johannisbeermarmelade (rot) 272
Johannisbeermarmelade (schwarz) 278
Johannisbeernektar (schwarz) 70
Johannisbrotkernmehl 60
Kabeljau 76
Kaffeeweißer 549
Kakao 372
Kaki-Pflaume 71
Kaktusfeige .... -
Kalmus .... -
Kamillentee .... -
Kaninchen Fleisch 154
Kaninchen Leber .... -

Kapern (eingelegt)	23
Kapuzinerkresse	-
Karausche	112
Kardamom	360
Kartoffel (mehlige)	68
Kartoffelmehl	-
Käsepappeltee	-
Kastanien Püree (Maronen)	173
Kerbel	-
Kerbel getrocknet	209
Kichererbsen	346
Kirsche	63
Kirsche (sauer)	53
Kirschenkompott	85
Klementine	33
Knäckebrot	358
Kohlrabi	31
Kohlrübe	22
Kokosfett	894
Kokosnussfleisch	367
Kompott (Früchte der Saison)	-
Koriander	321
Koriandergrün	266
Korinthen (rot)	21
Korinthen (schwarz)	28
Krake	-
Kräuter bittere	-
Kräuterteemischung	1
Kukichatee	-
Kümmel	333
Kümmel gemahlen	333
Kürbis	27
Kürbiskerne	597
Kurkuma (Gelbwurz)	376
Lachs	130
Lamm Fleisch	234
Lamm Knochen	-
Lamm Leber	133
Lamm Nieren	-
Lamm Schulter	234
Lauch (Porree)	75
Laugengebäck	340
Lavendelblüten	-

Leberglättertee ... -
Leinöl ... 900
Leinsamen ... -
Leinsamen (geschrotet) ... 372
Liebstöckel ... 42
Liebstöckelsamen ... -
Lilienzwiebel ... -
Limabohnen ... 80
Lindenblütentee ... -
Linsen (Helmbohnen) ... 110
Linsen gelb ... 77
Linsen rot ... 77
Linsen schwarz ... 77
Löffelbiskuit ... 416
Loquate/Japanische Mispel ... 47
Lorbeerblatt ... 313
Lotossamen ... -
Lotoswurzeln ... -
Löwenzahnsaft ... -
Luohan-Frucht ... -
Lycheelikör ... -
Magermilchpulver ... 367
Mais (geröstet) ... -
Mais (Schnellpolenta) ... 330
Mais Mehl (Maizena) ... 368
Maishaartee ... -
Maiskeimöl ... 899
Maisstärke ... 370
Makannasternsamen ... -
Makrele ... 180
Malzbier ... 48
Mangold ... 23
Mangosaft ... 50
Maniokmehl ... 337
Marillensaft ... 58
Martini ... -
Mascarpone ... 434
Mayonnaise 50% ... 482
Mayonnaise 80% ... 744
Meeräsche ... 113
Mehrkornbrot (Graubrot) ... 211
Mirabelle ... 67
Miso ... 198

Miso schwarz (fermentiert)	124
Mispel	42
Mittelmeerfisch (Kabeljau, Scholle, Schellfisch, Seeaal, Makrele)	-
Mixed Pickels	1
Molke	25
Moosbeere	48
Mu-Erh-Pilz	-
Mungobohnensprossen	24
Müsli	359
Nektarine	56
Nelke	322
Nierenbohnen (rote)	314
Nori, Purpurtang, Rotalge	40
Nudeln (Vollkorn) mit Ei	102
Nudeln (Weizen) mit Ei	353
Nudeln (Weizen, Bandnudeln) mit Ei	353
Nudeln (Weizen, Lasagneblätter) mit Ei	353
Nudeln (Weizen, Spagetti) mit Ei	353
Obstmischung Fruchtsaft	63
Odermennig	-
Oliven grün	144
Orange abgeriebene Schale	-
Orange getrocknete Schale	-
Orange Schale	-
Orangenblüten	-
Orangenmarmelade	273
Oregano frisch	68
Oregano getrocknet	306
Palmöl	898
Paprika (süß)	24
Paranuss	703
Passionsblumenblütentee	-
Passionsfrucht (Maracuja)	79
Pastinake	22
Peperoni	20
Peperoni, gelb, entkernt, halbiert	-
Petersilie	53
Petersilienwurzel	33
Pfefferminztee	375
Pferd Fleisch	119
Pflaume getrocknet	261
Pintobohnen gesprenkelt	-
Preiselbeermarmelade	271

Prosecco	75
Puddingpulver Vanille	382
Pumpernickel	188
Pute Schinken	102
Qualle	-
Quinoa	343
Quitte	38
Reineclaude	72
Reis Gaoliangreis (Sorghum)	-
Reis Klebreis	360
Reis Reisschleim	353
Reis Wilder (Naturreis)	353
Reisstärke	343
Rettich Meerrettich (Kren)	48
Rettichblätter (vom Wochenmarkt)	-
Rind Filet	116
Rind Fleisch	148
Rind Fleischknochen	11
Rind Herz	124
Rind Herz (Kalb)	114
Rind Knochenmark	837
Rind Leber	121
Rind Lunge (Kalb)	94
Rind Magen	94
Rind Niere	116
Rind Ochsenschwanzstücke	184
Rind Suppenfleisch	148
Rindfleisch (Kalb)	137
Roggen Vollkornbrot	306
Rosenblättertee	-
Rosenblütentee	-
Rosenkohl	29
Rosenpaprika	-
Rosenpaprika Pulver	306
Rosmarin	96
Rotbarsch	105
Rote Grütze (ohne Zucker)	118
Rote Rübe	42
Rotkohl	18
Rum	312
Sahen 10% Kaffeesahne	203
Sahne sauer 10%	118
Sahne sauer 20%	205

Sahne sauer 30%	288
Salz Kräutersalz	21
Sanddorn	100
Sardellen/Sardine	124
Saubohnen (Dicke Bohnen)	309
Sauerteig	310
Schafgarbe	-
Schafmilch Joghurt	94
Schlagobers (30 % Fett)	309
Schlehdorn	58
Schmelzkäse 12%	221
Schmelzkäse 30%	328
Schnecke	-
Schokolade	526
Schokolade (Diabetiker)	409
Scholle	112
Schwarze Bohnen	-
Schwarzer Fungu Pilz	211
Schwarzkümmel	899
Schwedenkraut	-
Schwein Blut	-
Schwein Darm	-
Schwein Fett	-
Schwein Fleisch	336
Schwein Hirn	-
Schwein Lunge	-
Schwein Markknochen (Röhrenknochen)	-
Schwein Mettwurst	-
Schwein Nieren	114
Schwein Schinken	127
Schwein Schinken gekocht	216
Schwein Schinkenspeck	500
Schwein Schmalz	883
Seegurke	-
Sellerie Knolle	17
Sellerie Stangensellerie	17
Senf	143
Senf Dijon	85
Senf mittelscharf	86
Senf süß	187
Sesam Paste (Tahini)	663
Sesam, Schwarzer	594
Sesamöl geröstet	896

Sherry	-
Shrimps	80
Soja Tofu geräuchert	72
Sojabohnen, Schwarze	418
Sojabohnen, Schwarze, fermentiert	418
Soja-Nudeln	325
Sojaöl	899
Sonnenblumenkerne	524
Speiserüben	26
Spitzwegerichtee	-
Stangenbohnen (Fisolen)	25
Sternanis	-
Stevia (Süßkraut)	-
Stutenmilch	-
Süßholzwurzeltee	-
Süßkartoffel	118
Süßwasserkrebs	-
Tabasco	70
Taube	-
Taube Ei	-
Teemischung Harnsäuresenkend	-
Thunfisch	256
Thymian	-
Thymian getrocknet	276
Toastbrot (Vollkorn)	259
Tomate getrocknet	105
Tomatenmark	175
Tomatenpüre	17
Tomatensaft	15
Tonicwasser	38
Topinambur / Erdbirne	31
Traubenkernöl	968
Trüffel	56
Umeboshipaste	41
Vanilleschote	261
Vanillezucker Natur	389
Vogelmiere	-
Vogerlsalat (Pflücksalat)	10
Vollkornbrot	233
Vollkornmehl	187
Wachskürbis	14
Walnüsse geröstet	-
Wasser heiss	-

Wassermelone	34
Weißbrot (Weizenbrot)	263
Weißbrot Baguette	263
Weißbrot Salzstangerl	263
Weißbrot Semmel	263
Weiße Bohnen	112
Weißfischchen	-
Weißkohl/Weißkraut	25
Weißwurz	-
Weizen Fladenbrot	240
Weizen Gras Pulver	-
Weizen Mehl Vollkorn	337
Weizen/Roggen Grau- Schwarzbrot mit Hefe	337
Weizengrassaft	-
Wermutkraut	80
Wildkräuter	-
Wildschwein Fleisch	102
Wirsing/Grünkohl	22
Yamswurzel, Yamswurzelknolle	-
Yogitee	-
Ziegen- und Schafsblut	-
Ziegen- und Schafshirn	-
Ziegen- und Schafsleber	-
Ziegen- und Schafsmagen	-
Zimtpulver	261
Zimtstange	261
Zitrone Schale	-
Zitrone, Limette	95
Zitronengras	-
Zitronenmelisse (frisch)	43
Zitronenmelisse (getrocknet)	294
Zucchini	19
Zucker (Staubzucker)	400
Zucker Palmzucker	400
Zuckerersatz (Süßstoff)	-
Zwetschken	43
Zwieback	394
Zwiebel Frühlingszwiebel	28
Zwiebel rot	28
Zwiebel Schalotte	22
Zwiebel weiss	28

7.2 Zutaten verwenden: ja

Ahornsirup	268
Apfel (sauer)	60
Apfel (süß)	60
Austernpilze	31
Birne	60
Birnensaft	68
Blumenkohl (Karfiol)	27
Bohnenöl	-
Borretschöl	-
Bratöl-	
Brokkoli	33
Bulgur (Getreide)	-
Butter Bio	754
Cashewnüsse	600
Champignon	27
Chinakohl	16
Couscous	345
Dinkel	320
Dinkel Brot	337
Dinkel Flocken	327
Dinkel Grieß	337
Dinkel Vollkornmehl	337
Distelöl	899
Erbse, grün	81
Erbsen	145
Erdnüsse	-
Erdnussöl	895
Feige	78
Feige getrocknet	239
Gans	342
Gans (Gänseklein)	354
Gemüsesaft	18
Gerste	354
Gerste (Nacktgerste)	354
Gerstengraupen	350
Hafer Flocken geröstet	353
Haselnüsse	656
Heidelbeersaft	37
Himbeere getrocknet (unreife)	-
Hiobsträne (Samen) YiYi Ren	-
Hirse	362

Hirseflocken	369
Holunderblütentee	237
Huhn Ei	154
Huhn Eigelb	354
Huhn Fleisch	102
Huhn Herz	124
Huhn Leber	136
Huhn Magen	-
Hummer	90
Ingweröl	-
Johannisbeere (rot)	45
Johannisbeere (schwarz)	54
Johannisbeere (weiß)	38
Kamille	1
Karotte (Frühkarotte)	21
Karotte (Mohrrübe, Möhre)	41
Karottensaft ohne Zucker	41
Kartoffel	68
Kokosraspeln	604
Kräuter der Provence	-
Kräuter verschiedene	-
Kräuter Wildkräuter	-
Kürbiskernöl	830
Kuzu	342
Lychee	76
Lychee (Konserve)	98
Mais	375
Mais Grieß (Polenta)	345
Malventee	-
Malz	281
Mandarine	45
Mandeln	640
Margarine	720
Margarine (Diät)	720
Melisse	-
Morchel (schwarz, getrocknet)	10
Muskatnuss	518
Nachtkerzenöl	-
Okra	31
Oliven	352
Olivenöl	897
Paprika	20
Peperoni, rot, entkernt, halbiert	-

Pfeilwurzelmehl	-
Pfifferlinge/Eierschwammerl	12
Pinienkerne	674
Pistazien	638
Preiselbeere	46
Preiselbeersaft	23
Pute Brustfleisch	102
Radieschen	20
Rapsöl	917
Reis Basmatireis	334
Reis Duftreis	351
Reis Langkornreis	347
Reis Roter	-
Reis Rundkornreis	350
Reis Schwarzer	-
Reis Sorte beliebig	351
Reis Süßer	-
Reis Vollkorn	353
Reishi	27
Reismehl	351
Reisnudeln	109
Rettich schwarz	19
Roggen	312
Roggenmehl	312
Safran	349
Salbei	315
Salz	-
Sauerampfer	27
Sauerkirsche	58
Sauerkraut	-
Schwarzaugenbohnen	-
Schwarzwurzel	17
Schwein Haut	-
Schwein Haxe (Eisbein)	194
Schwein Herz	89
Schwein Leber	124
Schwein Magen	-
Sesam, Weißer	594
Sesamöl	896
Shiitake, getrocknet	355
Silbermorchel, getrocknet	-
Soja Cuisine (Soja-Sahne)	418
Sojabohne	418

Sojabohnen, Gelbe 418
Sojabohnenmilch 31
Sojamehl 418
Sonnenblumenöl 898
Stachelbeere 38
Steinpilz/Herrenpilz 20
Süßwasserfisch .... -
Tintenfisch 87
Tsampa (geröstetes Gerstenmehl) 336
Vanille .... -
Vanillepulver .... -
Walnussöl 896
Wasser .... -
Weißdorn .... -
Weizenkeimöl 879
Zucker Melasse 400

7.3 Zutaten verwenden: wenig

Adzukibohnen 263
Amaranth 374
Aprikose 42
Artischocke 12
Aubergine 25
Austern 72
Avocado 233
Bambussprossen 10
Barsch 121
Beerensaft .... -
Brombeere 29
Buchweizen .... -
Clementinen 48
Cumin (Kreuzkümmel) 411
Datteln getrocknet 325
Dill 43
Eisbergsalat 13
Ente (Frühmastente, schlachtfrisch) 227
Ente (Herz) .... -
Erdbeere 37
Erdbeersaftgetränk 30
Essig (Apfelessig) 21
Essig (Rotweinessig) 21
Essig Aceto Balsamico 21

Fischstücke gemischt (Süßwasser)	100
Forelle	105
Frischkäse	274
Garnele	101
Granatapfel	44
Grapefruit/Pampelmuse/Pomelo	43
Grapefruitsaft	47
Grundrezept für eine Entenbrühe	660
Grundrezept für eine Rindermarkknochenbrühe	-
Hagebuttentee	205
Heidelbeere	37
Himbeere	34
Honig	302
Honigmelone	21
Kaffee	2
Karambole/Sternfrucht	31
Karpfen	127
Kastanien (Maronen)	173
Kaviar	239
Kirschsaft	58
Klettenwurzeltee	-
Kokosflocken	604
Kokosmilch	24
Kresse	38
Lauchzwiebel Schnittlauch	27
Longane	60
Löwenzahn (junger)	46
Löwenzahnwurzeltee	-
Majoran	46
Mandelmilch	624
Mandelmus	624
Mandeln Marzipan	486
Marillen	55
Mungobohne	273
Pfeffer (gemahlen)	255
Pfeffer Cayenne	255
Pfeffer Körner	255
Pfeffer weiss (gemahlen)	255
Pfirsich	43
Pfirsich (Dose)	43
Pflaume	47
Piment	307
Quargel 20%	125

Reh Fleisch 160
Reismalz... 316
Rettich (weiß, grün, lila-rot) 19
Rhabarber 18
Rosinen 272
Rucola (Rauke) 17
Sago (Getreide)... 341
Sake 24
Schafgarbentee... -
Schimmelkäse... 454
Spargel (grün oder weiß)... 15
Spinat 16
Trauben rot.. 73
Trauben weiß 73
Traubensaft rot.. 73
Traubensaft weiß... 73
Walnüsse... 690
Weizen 321
Weizen Bulgurweizen.. 287
Weizen Flocken... 321
Weizen Grieß 344
Weizen Grieß - Kindergrieß... 344
Weizen Mehl.. 337
Weizenkleie... 172
Zucker (weiß, aus Rüben) 400
Zucker braun 406
Zucker Fructose Fruchtzucker... 400
Zucker Glukose Traubenzucker 400
Zucker Kandis weiß... 400
Zucker Milchzucker 400
Zucker Ursüße (Zuckerrohr) süß... 400

7.4 Kontraindikativ wirkende Lebensmittel nicht verwenden

Aal
Aloesaft
Ananas
Ananas (aus der Dose)
Ananassaft ungezuckert
Banane
Banane Kochbanane

Bataviasalat
Bier (Altbier)
Bier (Pils)
Blattsalate (bitter)
Buttermilch
Chicorée
Chlorella (Süßwasser)

Creme fraiche
Curcuma (Gelbwurz)
Endiviensalat
Feldsalat
Gänseei
Grüner Tee
Gurke
Hammel
Joghurt (Natur, 1,5 % Fett)
Joghurt (Natur, 3,5 % Fett)
Kefir
Kiwi
Knoblauch
Kombualge
Kopfsalat
Krabbe
Kuhmilch (1,5 % Fett)
Kuhmilch (Vollmilch 3,5 % Fett)
Kumquat
Languste
Mango
Maulbeerfrucht
Meereskrebs
Miesmuscheln
Mineralwasser
Mohn
Mozzarella
Orange
Orangensaft
Papaya
Paprika (Rosenpaprika)
Parmesan
Pfefferminze
Radicchio

Römersalat/Lattich-Salat
Rotwein
Sahne, süß 30%
Sauermilch
Sauerrahm 15% Fett
Schaffleisch
Schafskäse
Schafsmilch
Schnaps
Schwarztee
Senfsamen
Soja Tofu
Sojapaste (Miso)
Sojasauce
Tomate
Topfen 20%
Topfen 40%
Umeboshipflaumen
(Japanaprikosen)
Wacholderbeere
Wachtel
Wachtel Ei
Wakame
Walderdbeeren
Weißwein
Weizen Bier
Wermut
Ysop
Ziege
Ziegen- und Schafsmilch
Ziegenkäse
Zitrone
Zitrone Saft

8 Therapeutische Kräuter und deren Wirkungen

8.1 Kardamom

Zubereitung: Dekokt (Abkochung)

Fördert Verdauung, nährt Knochen und Sehnen, löst Blähungen, kontrolliert übermäßigen Harndrang, hilft bei Verdauungsschwäche.
Wärmt Mitte, löst Stagnation, leitet nach oben. Tonisiert das Nieren-Yang, wärmt Nieren und Milz; stärkt Magen, zusammenziehend.

9 Kräuter aus den Rezepten und deren Wirkungen

9.1 Basilikum

Wirkt wohltuend bei Blähungen und Übelkeit, entkrampfend und beruhigend.
Trocknet aus, leitet nach unten.

9.2 Bohnenkraut

Magenstärkend und antibakteriell, beruhigend und appetitanregend. Stärkt die Abwehr.
Tonisiert das Nieren-Yang, das Herz-Qi, den Magen und das Milz-Qi und erwärmt die Mitte, bewegt das Leber-Qi und das Blut, leitet Schleim und Kälte aus der Lunge, öffnet die Oberfläche, leitet Wind-Kälte aus.

9.3 Brennnessel

Fördert Wasserlassen, Tee oder Pflazensaft wirkt blutreinigend, entschlackend, reinigt die Nieren, unterstützend bei Prostatabeschwerden, hemmen die Bildung von Entzündungsstoffen, wirkt schmerzlindernd.
Senkt Qi ab, trocknet aus, leitet nach unten.

9.4 Koriander

Fördert Verdauung.
Schweiß treibend, reduziert Wind.

9.5 Kresse

Harntreibend, unterstützt das Wasserlassen.
Bewegt Qi und Blut, diuretisch, kühlt bei innerer Hitze, befeuchtet Lunge, löst Stagnation, leitet nach oben.

9.6 Lauchzwiebel Schnittlauch

Bakterizid, beugt Krebs vor, stärkt Magensaftproduktion, fördert

Verdauung und Durchblutung, fördert das Wachstum, löst Stagnation.
Leitet nach oben.

9.7 Liebstöckel

Regt Verdauung an, reduziert Schmerzen.
Reduziert inneren Wind, Feuchtigkeit, löst Stagnation, leitet nach oben.

9.8 Lilienzwiebel

Beruhigt Nerven.

9.9 Makannasternsamen

Stärkt Milz, lindert Diarrhö, reduziert Ausfluss.

9.10 Oregano getrocknet

Fördert Verdauung
Trocknet aus, leitet nach unten.

9.11 Petersilie

Regt Leberfunktion an, entgiftet.
Nährt Blut und Leber, harmonisiert Leber und Milz, stärkt Sehkraft, bewahrt die Säfte, zieht zusammen.

9.12 Rosmarin

Fördert Verdauung, stärkt Lunge, Milz und Niere.
Trocknet aus, leitet nach unten. Stärkt Herz, Lunge und Milz-Qi, Stärkt Leber-Blut. Stärkt Herz-Yin. Vertreibt Milz Hitze/Kälte Feuchtigkeit. Stärkt Milz- und Nieren-Yang

9.13 Salbei

Trocknet aus, gegen Hefepilzinfektionen.
Vertreibt Schleim, leitet nach unten, Aktiviert Wei Qi, stärkt Qi.

9.14 Yamswurzel, Yamswurzelknolle

Baut Lunge, Milz, Niere auf.

9.15 Zitronenmelisse (frisch)

Anregend, antibakteriell, aufmunternd, beruhigend, entspannend, krampflösend, kühlend, pilzhemmend, schmerzstillend, schweißtreibend, virushemmend, Erkältung, Fieber, Grippe, Husten, Bronchitis, Asthma, Appetitlosigkeit, Blähungen, Sodbrennen.

10 Grundlagen der Ernährung

Die hier beschriebenen Grundlagen der Ernährung zeigen allgemeine Empfehlungen und beziehen sich nicht auf eine spezielle Therapieform. Die Empfehlungen der Therapie haben Vorrang.

10.1 Ernährung

Die regelmäßige Einnahme von Mahlzeiten in entspannter Atmosphäre. Ein wärmendes Frühstück gilt als guter Start in den Tag.
Mittags sollte die Hauptmahlzeit stattfinden - das Abendessen am frühen Abend.

Die Beachtung von Hunger- und Sättigungsgefühlen: Nicht überessen und nicht hungern, so lautet die Regel.

Die frische Zubereitung der Speisen aus naturbelassenen, regionalen Produkten. Tiefgekühlte, hitzekonservierte, industriell vorgefertigte oder mikrowellengegarte Lebensmittel werden abgelehnt.

Die Auswahl von Lebensmittel nach der Jahreszeit: Im Sommer mehr kühlende Nahrung, im Winter mehr wärmende Nahrung.

Mindestens zweimal am Tag Gekochtes essen. Speisen und Getränke sollen möglichst handwarm, niemals eiskalt oder heiß sein.

Rohkost, kurz gegartes Gemüse, frisch gepresste Säfte und Mineralwasser werden üblicherweise nicht empfohlen. Milch und Milchprodukte stehen nur dann auf dem Speiseplan, wenn sie problemlos vertragen werden.

Therapeutische Rezepte nicht über einen längeren Zeitraum ohne Rücksprache mit dem Arzt oder Therapeuten einnehmen.

1. Vielseitig essen
Lebensmittelvielfalt genießen. Merkmale einer ausgewogenen Ernährung sind abwechslungsreiche Auswahl, geeignete Kombination und angemessene Menge nährstoffreicher und energiearmer Lebensmittel. (Einerseits Schutz vor Unterversorgung mit essentiellen Nährstoffen und andererseits Schutz vor einer überhöhten Zufuhr unerwünschter Inhaltsstoffe.)

2. Reichlich Getreideprodukte - und Kartoffeln
Brot, Nudeln, Reis, Getreideflocken (am besten aus Vollkorn), sowie

Kartoffeln enthalten kaum Fett, aber reichlich Vitamine, Mineralstoffe, Spurenelemente sowie Ballaststoffe und sekundäre Pflanzenstoffe. Diese Lebensmittel sollten mit möglichst fettarmen Zutaten verzehrt werden.

3. Gemüse und Obst - Nimm "5" am Tag ...

5 Portionen Gemüse und Obst am Tag, möglichst frisch, nur kurz gegart, oder auch eine Portion als Saft – idealerweise zu jeder Hauptmahlzeit und auch als Zwischenmahlzeit: Damit werden reichlich Vitamine, Mineralstoffe sowie Ballaststoffe und sekundären Pflanzenstoffe (z.B. Carotinoiden, Flavonoiden) zugeführt. Das Beste, was man für die eigene Gesundheit tun kann.

4. Täglich Milch und Milchprodukte, ein- bis zweimal in der Woche

Fisch; Fleisch, Wurstwaren sowie Eier in Maßen. Diese Lebensmittel enthalten wertvolle Nährstoffe, wie z.B. Calcium in Milch, Jod, Selen und Omega-3-Fettsäuren in Seefisch. Fleisch ist wegen des hohen Beitrags an verfügbarem Eisen und an den Vitaminen B1, B6 und B12 vorteilhaft. Mengen von 300 - 600 g Fleisch und Wurst pro Woche reichen hierfür aus. Fettarme Produkte bevorzugen, vor allem bei Fleischerzeugnissen und Milchprodukten.

5. Wenig Fett und fettreiche Lebensmittel

Fett liefert lebensnotwendige (essenzielle) Fettsäuren und fetthaltige Lebensmittel enthalten auch fettlösliche Vitamine. Fett ist besonders energiereich, daher kann zu viel Nahrungsfett Übergewicht fördern, möglicherweise auch Krebs. Zu viele gesättigte Fettsäuren fördern langfristig die Entstehung von Herz-Kreislauf-Krankheiten. Pflanzliche Öle und Fette bevorzugen (z.B. Raps-, Oliven- und Sojaöl und daraus hergestellte Streichfette). Auf unsichtbares Fett achten, das in Fleischerzeugnissen, Milchprodukten, Gebäck und Süßwaren sowie in Fast-Food- und Fertigprodukten meist enthalten ist. Insgesamt 70 - 90 Gramm Fett pro Tag reichen aus.

6. Zucker und Salz in Maßen

Nur gelegentlich Zucker und Lebensmittel, bzw. Getränke verzehren, die mit verschiedenen Zuckerarten (z.B. Glucosesirup) hergestellt wurden. Kreativ mit Kräutern und Gewürzen und wenig Salz würzen. Jodiertes Speisesalz bevorzugen.

7. Reichlich Flüssigkeit

Wasser ist absolut lebensnotwendig. Jeden Tag rund 1-2 Liter Flüssigkeit trinken. Wasser (ohne oder mit Kohlensäure) und andere kalorienarme Getränke bevorzugen. Alkoholische Getränke sollten nicht konsumiert werden.

8. Schmackhaft und schonend zubereiten
Die jeweiligen Speisen bei möglichst niedrigen Temperaturen garen, soweit es geht kurz, mit wenig Wasser und wenig Fett - das erhält den natürlichen Geschmack, schont die Nährstoffe und verhindert die Bildung schädlicher Verbindungen.

9. Sich Zeit nehmen und das Essen genießen
Bewusstes Essen hilft, richtig zu essen. Auch das Auge isst mit. Sich beim Essen Zeit lassen. Das macht Spaß, regt an, vielseitig zuzugreifen und fördert das Sättigungsempfinden.

10. Auf das Gewicht achten und in Bewegung
Ausgewogene Ernährung, viel körperliche Bewegung und Sport (30 bis 60 Minuten pro Tag) gehören zusammen. Mit dem richtigen Körpergewicht fühlt man sich wohl und fördert die Gesundheit.
Thermik, Wirkrichtung, Verdauungskraft
Es gibt unterschiedliche Kriterien, die Wirksamkeit von Kräutern und Lebensmittel zu beurteilen. Der Einsatz der Kräuter und Zutaten basiert auf Beobachtung, was die Lebensmittel, Kräuter und Gewürze nach ihrem Verzehr im Körper bewirken. In der Medizin hat sich daraus folgendes System entwickelt: Jede Zutat oder Kraut hat eine Wirkrichtung. Außerdem gibt es noch Kräuter, die eine besondere Wirkung auf bestimmte Organe haben.

Voraussetzung für einen gesunden Stoffwechsel ist es, darauf zu achten, dass wir ausreichend Energie aus der Nahrung gewinnen und der Verdauungsprozess so wenig Energie wie möglich verbraucht. Eine bekömmliche Mahlzeit macht zufrieden und satt, verursacht keine Blähungen und keine Müdigkeit nach dem Essen. Richtiges Würzen erhöht die Bekömmlichkeit unserer Speisen. Es genügen oft schon geringe Mengen an Kräutern und Gewürzen. Sie dienen nicht dazu, uns satt zu machen, sondern helfen unseren Verdauungsorganen, die Nahrung zu verdauen.

10.2 Rezepte
Die Rezepte zeigen Ihnen welche Zutaten verwendet werden, sowie mit der Kochanleitung wie diese zubereitet werden. Bei den Zutaten wird neben den Mengenangaben auch die Wichtigkeit für die Therapie, das Wärmeverhalten sowie das Element angezeigt. Wenn dabei angezeigt wird "weniger als angegeben" versuchen Sie diese Empfehlung

einzuhalten oder eine Alternative aus der Liste der "Empfohlenen Lebensmittel" zu finden. Meistens ist es nur eine leichte geschmackliche Änderung wenn Sie diese Zutat gänzlich weglassen.

Schonende Kochmethoden: Kochen, dämpfen, pochieren, dünsten
Scharfe Kochmethoden: Grillen, rösten, anbraten, räuchern
Ausgeglichene Kochmethoden: Frittieren, Römertopf

Auf das Einfrieren und erwärmen in der Mikrowelle sollte verzichtet werden (Denaturierung).

10.2.1 Rezepte nach Folge der Elemente kochen

In der TCM werden die Zutaten der Rezepte möglichst in der Reihenfolge der Elemente verwendet, welches eine erhöhte Bekömmlichkeit und energetische Qualität ergibt. Den Beginn macht die Kochmethode mit der begonnen wird. Wird in einer Pfanne oder Topf etwas erwärmt ist das Element das Feuer. Diese 5 Elemente stehen in Beziehung zueinander und haben eine natürliche Reihenfolge, die den Jahreszeiten entspricht.
Metall - Wasser - Holz - Feuer - Erde.
So stärkt das jeweilige Element das das ihm nachfolgende. Die Zutaten können dann in Gruppen der jeweiligen Elemente beigegeben werden. Es sollten nach Möglichkeit immer alle 5 Elemente in einer Speise vorhanden sein. Das Element mit dem man aufhört, ist am wirksamsten. Das bedeutet, gebe Sie am Ende noch etwas Petersilie über das Gericht, hat es den größten Einfluss auf die Leber, da sowohl Petersilie als auch die Leber zum Holzelement zählen.

Wenn Sie nach dieser Methode kochen wollen, sollten Sie bei einem TCM-Ernährungsberater oder einem TCM-Kochkurs weitere Feinheiten kennen lernen. Grundlagen sehen Sie auf:
https://de.wikipedia.org/wiki/Fünf-Elemente-Lehre

Organ	Element
Leber, Galle	Holz
Herz, Dünndarm	Feuer
Milz, Magen	Erde
Lunge, Dickdarm	Metall
Nieren, Blase	Wasser

10.3 Lebensmittel

In der Traditionell Chinesischen Medizin werden alle Lebensmittel den 5 Elementen Holz, Feuer, Erde, Metall und Wasser zugeordnet.

Lebensmittel wirken wie Heilkräuter auf Körper und Geist, nur wesentlich sanfter. Die Ernährungsberatung stützt sich hauptsächlich auf heimische Lebensmittel. Das Wissen über die Wirkungsweisen jedes einzelnen Lebensmittels und das Wissen wann welche Lebensmittel zur Anwendung kommen, entstammt der Schulmedizin. Verwende Sie möglichst Erzeugnisse aus ökologischen-biologischem Landbau.

Da wegen der besseren Verdaulichkeit grundsätzlich alles lange gekocht und kaum roh gegessen wird, ist die Verträglichkeit hervorragend.

Die Einteilung der Lebensmittel entsprechend ihrer Wirkung auf den Körper und bildet die Basis, um einen ausgewogenen und harmonischen Gesundheitszustand im Körper zu erreichen.

Grundsätzlich empfiehlt die Ernährungsberatung keine bestimmten Lebensmittel für Jedermann. Ausschlaggebend für den individuellen Speiseplan ist vor allem die persönliche Konstitution.

Kaufen Sie nur frisches und reifes Obst und Gemüse ein. Braune Stellen, welke Blätter aber auch unreifes Obst und Gemüse sollten Sie im Supermarkt zurücklassen. Greifen Sie dann zu Tiefkühlware (keine Fertiggerichte!). Tiefkühlobst und -gemüse werden kurz nach dem Ernten schockgefroren und enthalten deshalb oftmals mehr Vitamine und Mineralstoffe, als die Ware aus der Obst- und Gemüsetheke! Konserven- und Dosenware dagegen enthält wesentlich weniger Biostoffe. Zudem werden Letztere meist mit Salz, Zucker usw. angereichert. Lassen Sie die Zutaten nach dem Waschen nie im Wasser liegen, denn so gehen viele Vitalstoffe ins Wasser über! Putzen Sie Salate, Früchte und Gemüse erst unmittelbar vor Verzehr.

Beachten Sie bitte die hygienische Verarbeitung der Lebensmittel. Waschen Sie Ihre Salate, Früchte und Gemüse gründlich. Bei Gerichten mit Fleisch bereiten Sie zuerst die Zutaten vor und verarbeiten dann die Fleischprodukte. Reinigen Sie danach die Arbeitsflächen und Werkzeuge besonders gründlich. Holzunterlagen sollten regelmäßig mit leichtem Desinfektionsmittel behandelt werden um die Keimbildung einzuschränken.

Bewahren Sie Obst und Gemüse möglichst getrennt voneinander auf. Auch geerntete Früchte und Gemüse leben und strömen z.B. Ethylengas aus, das andere Sorten schneller reifen und altern lässt. Fleisch und Fisch in der verschlossenen Verpackung lassen oder in luftdichten Boxen im Kühlschrank aufbewahren.

10.4 Kräuter

Bei der Aufbewahrung und Lagerung von Heilkräutern, müssen gewisse Grundregeln beachtet werden. Grundsätzlich müssen Heilkräuter geschützt vor direkter Sonneneinstrahlung, vor Feuchtigkeit und vor heißen Temperaturen gelagert werden.

Als Gefäße für die Lagerung von Heilkräutern können Gläser, Keramik-Behälter und zur Not auch Plastik-Dosen eingesetzt werden. Plastik ist aber ein sehr unreines Material und sollte daher wirklich nur eine kurzfristige Notlösung sein. Bei Glasbehältern ist darauf zu achten, dass dunkles Glas verwendet wird.

Heilkräuter können nicht beliebig lange aufbewahrt werden. Die Haltbarkeit von Heilkräutern ist auf jeden Fall begrenzt. Durch die Haltbarkeitsdauer kann durch sachgerechte Lagerung wesentlich erhöht werden. So soll der Lagerplatz dunkel, eher kühl und absolut trocken sein. Ein Medizinschrank aus Holz, der nicht direkt bei einer Wärmequelle platziert ist wäre ideal. Um Ihre Heilkräuter nicht wegwerfen zu müssen, kaufen Sie nicht zu große Mengen an Heilpflanzen. Beschriften Sie die Behälter mit dem Namen des Heilkrauts und dem Datum der Ernte bzw. der Verarbeitung.

11 Weitere Ernährungsvorschläge

Folgende Syndrome der Diätetik, der TCM oder als Therapieergänzung bei Krebs sind verfügbar.

DIÄTETIK
1. Ernährung des Säuglings - Beikost
2. Ernährung in der Stillzeit
3. Ernährung im Alter
4. Ernährung von Kindern und Jugendlichen
5. Ernährung von Sportlern
6. Leichte Vollkost
7. Schwangerschaft
8. Vollkost

Eiweiß und Elektrolyt – Nieren
9. (Hämo-)Dialysebehandlung
10. Akutes Nierenversagen
11. Chronische Niereninsuffizienz
12. Nephrotisches Syndrom
13. Nierensteine (Nephrolithiasis)

Gastrointestinaltrakt - Bauchspeicheldrüse
14. Akute Pankreatitis (Entzündung der Bauchspeicheldrüse)
15. Chronische Pankreatitis (Entzündung der Bauchspeicheldrüse)

Gastrointestinaltrakt - Dünndarm und Dickdarm
16. Akute Obstipation (Verstopfung)
17. Chronische Obstipation (Verstopfung)
18. Colon irritabile
19. Divertikulitis
20. Erworbene Laktoseintoleranz (Laktosemalabsorption)
21. Fruktosemalabsorption
22. Glutensensitive Enteropathie (Zöliakie)
23. Kolektomie
24. Kurzdarmsyndrom

Gastrointestinaltrakt - Leber, Gallenblase, Gallenwege
25. Akute und chronische Hepatitis (Entzündung der Leber)
26. Cholelithiasis (Gallensteine)
27. Fettleber
28. Leberzirrhose

Gastrointestinaltrakt - Magen und Zwölffingerdarm
29. Akute Gastritis
30. Chronische Gastritis
31. Magenblutung
32. Ulcus ventriculi und Ulcus duodeni
33. Zustand nach Magenoperation

Gastrointestinaltrakt - Mundhöhle und Speiseröhre
34. Mundschleimhautentzündung
35. Ösophaguskarzinom (Speiseröhrenkrebs)
36. Reflüxösophagitis (Sodbrennen)

spezielle Krankheiten
37. Phenylketonurie (PKU)

38. Rheumatische Gelenkserkrankungen
Stoffwechsel
39. Adipositas (Übergewicht)
40. Diabetes mellitus
41. Essstörungen (Untergewicht)
Fettstoffwechsel
42. Hypercholesterinämie (erhöhter Cholesterinspiegel)
43. Hepatische Enzephalopathie
Herz- und Kreislauf
44. Arteriosklerose (Arterienverkalkung)
45. Herzinsuffizienz
46. Hypertonie (Bluthochdruck)
47. Hyperurikämie und Gicht
veränderter Nährstoffbedarf
48. bei Fieber
49. bei malignen Erkrankungen
50. nach Verbrennungen
51. Strahlen- und Chemotherapie

KREBS
100. Bauchspeicheldrüse
101. Blasenkrebs
102. Blutkrebs (Leukämie)
103. Brustkrebs
104. Darmkrebs
105. Magenkrebs
106. Nierenkrebs
107. Speiseröhrenkrebs

TCM
200. Blase - Feuchte Hitze in der Blase
201. Blase - Feuchtigkeit und Kälte in der Blase
202. Blase - Leere und Kälte in der Blase
203. Dickdarm - äussere Kälte befällt den Dickdarm
204. Dickdarm - Feuchte Hitze im Dickdarm
205. Dickdarm - Hitze blockiert den Dickdarm II akut
206. Dickdarm - Trockenheit des Dickdarms
207. Dickdarm - Yang Mangel (Kälte)
208. Herz - Blut Mangel
209. Herz - Blut Stagnation
210. Herz - Feuer
211. Herz - Heisser Schleim verstopft die Herzporen
212. Herz - Kalter Schleim verstopft die Herzporen
213. Herz - Qi Mangel
214. Herz - Yang Mangel
215. Herz - Yin Mangel
216. Leber - aufsteigender Leber-Yang
217. Leber - Blut-Mangel
218. Leber - Blut-Stagnation
219. Leber - feuchte Hitze in Leber und Gallenblase
220. Leber - Feuer
221. Leber - Gallenblase Qi-Leere
222. Leber - Kälte im Lebermeridian

223. Leber - Qi-Stagnation
224. Leber - Wind
225. Leber - Wind mit aufsteigendem Leber Yang
226. Leber - Wind mit Blutleere
227. Leber - Wind mit extremer Hitze
228. Lunge - Qi Mangel
229. Lunge - Schleim-Feuchtigkeit in der Lunge
230. Lunge - Schleim-Hitze in der Lunge
231. Lunge - Schleim-Kälte in der Lunge
232. Lunge - Trockenheit der Lunge
233. Lunge - Wind-Hitze befällt die Lunge
234. Lunge - Wind-Kälte befällt die Lunge
235. Lunge - Yin Mangel
236. Magen - Blutstagnation
237. Magen - Feuer
238. Magen - Magenkälte mit Flüssigkeit
239. Magen - Nahrungsstagnation
240. Magen - Qi Mangel
241. Magen - rebellierendes Magen Qi
242. Magen - Yin Leere
243. Milz - Hitze und Feuchtigkeit befällt die Milz
244. Milz - Kälte und Feuchtigkeit befällt die Milz
245. Milz - Qi Mangel
246. Milz - Qi Mangel + Absinkendes MilzQi
247. Milz - Qi Mangel + Milz kontrolliert das Blut nicht
248. Milz - Yang Mangel
249. Niere - Herz und Niere kommunizieren nicht mehr
250. Niere - Jing Mangel
251. Niere - Nieren können das Qi nicht empfangen
252. Niere - Qi ist nicht fest
253. Niere - Yang Mangel
254. Niere - Yin Mangel

12 EBNS - Software für die Ernährungsberatung

Die Hauptaufgabe der Datenbank ist eine „**personalisierte Ernährungsberatung**" für jeden Patienten individuell. Die Datenbank wurde für die Diätetik und Traditionellen Chinesischen Medizin entwickelt. Sie Unterstützt bei der Ausbildung und Beratung im Arbeitsalltag.

Das Computerprogramm liefert Listen von Rezepten, Zutaten und Kräuter, welche dem Klienten mitgegeben werden. Individuell nach Patienten-Wunsch von Vollkost bis Vegetarier (Lacto-, Ovo-, ...) einstellbar. Zu jedem Register gibt es ein INFOBLATT welches einmal dem Klienten mitgegeben werden kann.

Die Syndrome sind kombinierbar und ergeben eine Schnittmenge der empfehlenswerten Rezepte und Zutaten. Die automatisierte Diagnose für die TCM ermöglicht Ihnen während der Ausbildung Ihre Erfahrungen zu überprüfen sowie im Arbeitsalltag ihre Diagnose zu bestätigen. Sie wählen mehrere vordefinierte Symptome und lassen sich vom Programm die relevanten Syndrome automatisch anzeigen.

Wie Sie mit der Datenbank arbeiten können:
Sie können alle Werte verändern, neue Symptome oder Syndrome anlegen, Rezepte entwickeln, verändern oder Zutaten und Kräuter an Ihre Erkenntnisse anpassen. In der einfachen Klientenverwaltung werden alle relevanten Daten zu der Person gespeichert. Sie bekommen einen Überblick über die zurückliegenden Diagnosen und die Entwicklung des Krankheitsverlaufes.

Als Berater sparen Sie viel Zeit, wenn Sie für die erkannten Syndrome die Rezept-, Lebensmittel- und Kräuterlisten ausdrucken und den Klienten mitgeben. Diese Zeit können Sie für das persönliche Gespräch nutzen.

Alle Rezept- und Lebensmittellisten können Sie auch als Kombination mehrerer Erkrankungen bestellen. Mit der Datenbank können Sie außerdem für jedes Rezept die Nährstoffe und Spurenelemente angezeigt bekommen und Rezepte für Syndrome selbst mit vorgeschlagenen Zutaten entwickeln.

Weitere Informationen finden Sie auf http://www.ebns.at.
Josef Miligui, Tel.: +43 660 121 05 00